jak
pokochać
centra
handlowe

NATALIA FIEDORCZUK

jak
pokochać
centra
handlowe

WIELKA LITERA

Projekt okładki
Krzysztof Rychter

Grafika na okładce
Nigel van Wieck

Zdjęcie autorki
Alicja Szulc

Redakcja
Justyna Wodzisławska

Korekta
Jadwiga Piller
Agnieszka Zielińska

Wielka Litera Sp. z o.o.
ul. Kosiarzy 37/53
02-953 Warszawa

Skład i łamanie
MAGiK

Druk i oprawa
Abedik S.A

ISBN 978-83-8032-128-1

Nie-miejsca są jednak miarą epoki: policzalną miarą, którą można obliczyć, dodając do siebie [...] trasy powietrzne i kolejowe, autostrady, ruchome przybytki zwane „środkami transportu" (samoloty, pociągi, samochody), porty lotnicze, dworce i stacje kosmiczne, wielkie sieci hoteli, wesołe miasteczka, supermarkety, skomplikowane węzły komunikacyjne, wreszcie – sieci kablowe lub bezprzewodowe działające w przestrzeni pozaziemskiej i służące tak dziwnej komunikacji, że łączy ona jednostkę wyłącznie z innym obrazem jej samej.

MARC AUGE,
Nie-miejsca. Wprowadzenie do antropologii nowoczesności,
PRZEŁ. ROMAN CHYMKOWSKI

T.

Jest otwarte dwadzieścia cztery godziny na dobę. Dotyczy to części głównej, która mieści sklep wielkopowierzchniowy. Asortyment jest szeroki. Można tam nabyć lodówkę, karto-fle, plastikowe pojemniki do mikrofalówki oraz zabawki dla dziecka.

Część butikowa zamyka się po dwudziestej drugiej. Drobne stoiska: ze sztuczną biżuterią, wiejskim chlebem i torebkami ze skaju, uplasowane wdzięcznie pośrodku przestronnych alejek, teraz przykryte są płachtami mate-riału. Po dwudziestej drugiej kawę można kupić tylko w automacie z napisem COFFEE. Kawa ta w smaku jest kwaśno-słodka i cuchnie bakelitem.

Wciąż jednak, o każdej porze, na terenie hali sklepowej można zaopatrzyć się w:

- ołówki,
- spódnicę z dżinsu,
- mleko w kartonie,
- małą ciężarówkę z kolorowego tworzywa.

Przekroczyłam właśnie automatycznie otwierającą się bramkę, pcham przed sobą duży sklepowy wózek. Jest jesień, okolice drugiej w nocy. Ten model wózka ma tendencję do uciekania w bok. W lewy bok.

W alejce z zabawkami dla dzieci powyżej lat trzech stoi mężczyzna w szarej kurtce typu bałwan. Twarz ma równocześnie bladą i czerwoną, w skupieniu ogląda, przebiera wśród aut, klocków oraz robotów.

Przypatruję mu się dłuższą chwilę i chowam za najbliższy róg. Biorę kilka głębszych oddechów. Próbuję powstrzymać rosnącą w ustach kwaśną kulę mdłości, zwiastujących nadciągający atak płaczu. Jestem w ciąży, moja depresyjna wyobraźnia przekracza znane mi do tej pory standardy. Nie sypiam w nocy. Na leżąco mam silne nudności, które nie kończą się ulgą w postaci wymiotów. Ciągle chce mi się siku i mam kompulsywny przymus sprawdzania, czy na majtkach nie pojawia się krew.

Przyjmuję tabletki na podtrzymanie ciąży, bo w pierwszych tygodniach odczuwam dokuczliwe bóle podbrzusza. Lekarz wypisuje hormony beztrosko: „Może brać pani dwa albo cztery, jak mocno boli". Są drogie i mają dużo efektów ubocznych. Zatrzymują wodę i puchnę od nich, w pierwszym trymestrze przybierając na wadze sześć kilogramów. Przezornie pakuję do toreb ubrania z poprzedniego, przedciążowego życia, szybko zastępując je spodniami na gumce i sukienkami z miejscem na rosnący brzuch. Bóle ustępują pod koniec czwartego miesiąca. Wtedy już nie wypatruję nieistniejących małych kropelek krwi, nie ściskam w panice słuchawki telefonu: dzwonić, nie dzwonić do niego, przecież pewnie ronię, tracę, chociaż nawet nie wiem jeszcze co. Lub kogo.

Kiedy tylko zaczynam czuć się trochę lepiej, a widmo utraty ciąży traci prawdopodobieństwo, zaczynam gorączkowo zajmować się pracą zawodową. Jestem przedstawicielką pokolenia umów śmieciowych, stąd gorączkowe poszukiwanie zleceń i obkładanie się pilnymi dedlajnami.

Na grupie terapeutycznej, na którą uczęszczam od ponad roku, boję się powiedzieć o swoim stanie. Ludzie jednak zauważają zaokrąglające się uda, ramiona i dziwną, bezkształtną masę w okolicach pępka. Mężczyźni robią niedyskretne uwagi na temat rosnących piersi, rechocąc przy tym radośnie. W końcu na jednym ze spotkań przyznaję się. Słyszę z ust dziewczyny pracującej jako pomoc przedszkolna pełne wyrzutu pytanie: co zamierzam zrobić bez pracy na etacie, a tym samym prawa do zasiłku macierzyńskiego? Nie jestem w stanie jej odpowiedzieć, milczę

11

zakłopotana. Inna, dużo starsza ode mnie kobieta z terapii zaczyna rzucać w moim kierunku złośliwe i okrutne uwagi na temat aborcji. Kobieta przyszła na grupę, bo jest w ciągłym konflikcie z dorosłymi dziećmi. Terapeutka zwraca jej uwagę, pacjentka wybiega z sesji. Nie wraca.

Stwierdzam, że i dla mnie te terapeutyczne spotkania zaczynają być zbyt stresujące. Decyduję, że nie mam ani czasu, ani ochoty na kontynuowanie terapii w ośrodku. I tak miałam kończyć już niedługo. Przychodzę jeszcze kilka razy i zawieszam udział w grupie.

Kiedy spotykam mężczyznę na dziale dziecięcym, w centrum handlowym T., mój brzuch jest już na tyle widoczny, że nie da się go pomylić z niefrasobliwie nabytą nadwagą.

Stoję przy regale z wodą destylowaną. Kwaśny ślinotok, preludium szlochu, przybiera na sile. Jestem zażenowana historią, która wgrała mi się natychmiast po tym, jak zobaczyłam ów żywy obraz nie-ojca. Białe rozproszone światło podkreśla fioletowe halo, bijące z jego popękanych naczynek krwionośnych.

(Rozstał się z jego matką jeszcze przed urodzeniem. Był w więzieniu, w pracy za granicą. Szuka zabawki dla syna, którego wieku, a w sumie nawet płci nie jest do końca pewien.

Wyobrażam sobie ten moment, kiedy w końcu staje, speszony i niepewny przed własnym dzieckiem. Być może zupełnie irracjonalnie obraża się o to, że dziecko go nie poznaje i chowa się za nogę matki czy babci. On wyciąga do niego rękę z ciężarówką, a dzieciak w końcu zbliża się do niego, nieufnie i na chwiejnych nogach).

L. (1)

Żeby dostać się do L., muszę przejechać rzekę i jechać dwadzieścia minut drogą szybkiego ruchu. Jadę tam, bo podobno mają najtańsze pieluchy w białym opakowaniu – te najlepsze, te, które pachną pudrem i luksusem. Jeszcze taszczę przed sobą brzuch, ale koniec już niedługo. Prowadzę samochód, zapinając pas niżej – jak nakazują przepisy. Jeżdżenie samochodem to jedna z nielicznych ciążowych przyjemności. Nie piję alkoholu już od dłuższego czasu, jednak przed zajściem w ciążę sporo palę. Lubię palić i rzucam z trudem, stopniowo.

W postępującej anhedonii, towarzyszącej mi podczas dłużących się miesięcy stanu błogosławionego, jazda autem sprawia, że czasem czuję się jak tak zwany człowiek. Moment wsiadania do samochodu jawi mi się jako nieprzebrany potencjał, możliwość nieoczekiwanego odwiedzenia koleżanki bądź nocnego zajazdu z fast foodem w roli głównej. Brakuje mi papierosa. Jem więcej, niż muszę, wkrótce twarz przestaje mieścić mi się w lusterku. Nie wiadomo, czy jest opuchnięta od ciąży, nadmiaru frytek, czy nieustannie wpychanych pod powieki łez, które pojawiają się niezrozumiale, zawstydzająco.

Od dłuższego czasu gromadzę obce mi z nazwy utensylia w lśniących opakowaniach. Smoczki, butelkę, nagrzewacz, pęsetki i ampułki z solą fizjologiczną. Namawiam mojego męża do udziału w przygotowaniach, on skręca łóżeczko, ja skręcam przewijak. Wyczuwam w nas delikatne echa podekscytowanego oczekiwania, jednak większość czasu spędzamy osobno, pracując.

Wyobcowanie postępuje. Stan ten pociąga mnie trochę, wyostrza zmysły i napełnia egotyczną melancholią. Głaz uciskający mostek jest jednak z tygodnia na tydzień coraz cięższy. Zamykam się w sobie, kwaszę mikrourazę, co jakiś czas wylewając na ojca dziecka zupę rozgotowanych pretensji. Przecież muszę nosić brzuch, kilogramy, puchnące kostki. Znoszę absurdalne niewygody podczas zakładania obuwia. Mój mąż chętnie ponosiłby brzuch za mnie, ale nie da się tego załatwić, przynajmniej tak mówi, kiedy usiłuję się kłócić. Po takim wybuchu zwykle jesteśmy dla siebie milsi, mąż bardziej czuły, a ja przylepna i bezwolna, lgniemy do siebie z poczucia winy, że jedno nie może dać drugiemu tego, czego tak naprawdę pragnie. Jemu brakuje przyjemnie zdystansowanej dziewczyny z poczuciem humoru, której wspomnienie ciągle ma żywo w pamięci. Jest cierpliwy i wie, że to na razie nieosiągalne, ale wierzy, że przecież minie. Każda ciąża się kiedyś kończy, myśli. Ja nie jestem cierpliwa. Kiedy w końcu otwieram się i zaczynam mówić, a raczej szlochać, żądam niemożliwego, na przykład zabrania brzucha, który po przejściu kilkuset metrów zaczyna przyciągać mnie do ziemi tak, że czuję, jakby pękała mi skóra. Żądam oddania mi głębokiego oddechu, który spłyciła powiększona macica. Denerwuję się na monstrualne piersi, na katar, którego nie mogę stłamsić pseudoefedryną i kropelkami do nosa. W końcu żądam snu, który zostaje mi odebrany na półtora miesiąca przed rozwiązaniem.

Tak naprawdę żądam zaś wyjaśnienia niewyjaśnionego. Zapewnienia, że nie umrę podczas porodu. Że dziecko, które we mnie rośnie, będzie zdrowe, a opieka nad nim i wychowanie go okażą się zadaniem przyjemnym, ciekawym i pełnym satysfakcji. Że nie będę nocami płakała nad nagłym odkryciem, że mój syn, jak wszyscy ludzie, również kiedyś umrze.

Jest zimno i wietrznie. Nie posiadam odpowiednio ciepłego płaszcza, który dopiąłby się w obwodzie. Noszę na sobie kilka warstw rozmaitych swetrów i narzutek. Przypominam przez to okrągły, pokaźny przedmiot poowijany szmatami. Moja twarz jest nabrzmiała i obca. Staram się jak najmniej patrzeć w lustro. Nie jestem tą agresywną kobietą w ciąży, o których krążą legendy, tą panią Kasią wymuszającą wejście do lekarza bez kolejki czy najeżdżającą wózkiem sklepowym na buty pana, który nieopatrznie stanął przy kasie pierwszeństwa. W kontaktach z ludźmi robię się wycofana i zawstydzona. Nie umiem odpowiadać na nagle inwazyjne komentarze, zaczepki i zagajenia, zwyczajowo wystrzeliwane, niczym fajerwerki w sylwestra, w stronę ciężarnych kobiet. Tylko uśmiecham się z nieobecną twarzą. Potem przez kilka dni dręczę się wieczorami w domu, płacząc w poduszkę. Dotykają niby-dobroduszne: „Z takim brzuchem pewnie bliźniaki!", albo otwarcie złośliwe: „Na pewno chłopiec? Przecież to dziewczynka zabiera urodę, he, he". Przeżywam każde niechciane dotknięcie spęczniałego tułowia, każdy syk w poczekalni, każdą sugestię o piciu kawy czy odpowiedniej diecie. Coś dziwnego dzieje się z moją osobowością, jakbym chodziła po ulicach na golasa, jakby wszystko, co wiedziałam na swój temat, opadło jak suche listowie czy jaszczurza skóra, a nowe, dookreślone i wyraźne nie zdążyło jeszcze wyrosnąć.

Być może właśnie dlatego dobrze czuję się w miejscach tymczasowych i bez specyfiki, takich jak galerie handlowe, stacje benzynowe, dworce. Trwanie w komercyjnym rozświetlonym bezczasie uspokaja. Spędzam długie kwadranse w klimatyzowanych wnętrzach. Przyglądam się płynącej ludzkiej masie i próbuję gromadzić jakieś wyostrzone, widoczne jedynie przez ułamki sekund cechy przechodzących osób. Czuję, że chciałabym ze szczątkowych informacji wybudować narrację, która mogłaby być moją własną, tak odmienną od dotychczasowej: dostatnią, spokojną, wręcz mieszczańską.

L. to budynek, który powstał w latach dziewięćdziesiątych. Wszystko w nim jest pokryte zatęchłym meszkiem wczesnego kapitalizmu, na przykład spracowane, matowe terakoty na podłodze w toalecie. W drobnych elementach architektonicznych zastosowano odcienie turkusu i fioletu. Gdzieniegdzie pojawiają się zabawne okrągłe okienka z plastiku. Podziemny parking przypomina nieużytek: spomiędzy betonowych płyt posadzki wyglądają suche kępki.

Amerykańscy specjaliści od rentowności centrów handlowych takie stopniowo zarastające zielskiem i pustoszejące obiekty nazywają *dead malls*. Zaczyna się od dyskretnego wycofania największego marketu. Nikną regularne zatowarowania. Stopniowo wycofują się więksi i mniejsi najemcy powierzchni handlowych. Korytarze przestają oddychać rytmem przechodzących ludzi.

L. może jeszcze to nie grozi, to centrum zasila nienikną-ca i niestrudzona ludzka masa z okolicznych biurowców:

żrą tanie sajgonki i pho, stoją w kolejce do kas z jednym jogurtem pitnym i bułką, znudzeni, w koszulach w kratę i butach z Zary.

Jem zupę w barku o nazwie Bar. Długo przyglądam się zadbanej parze: mężczyzna w ciasnoniebieskiej koszuli w małą krateczkę bawi się nerwowo magnetyczną przepustką na kolorowej smyczy. Kobieta, po trzydziestym piątym, ale przed czterdziestym siódmym rokiem życia, w zwiewnej bluzce z wiskozy, uśmiecha się flirciarsko, przekładając z palca na palec cienką obrączkę z białego złota. Gapię się na nich, nie z potępieniem wiarołomstwa, nie z wyrzutem, że ich małżeństwa, ich domy zamieniły się w *dead malls*, że szukają przyjemności z inwestowania na nowych rynkach zbytu. Gapię się na nich w tępym stuporze, siorbiąc zupę pho. Przygwożdżona do krzesła nagłym atakiem ciężarnego głodu, lampię się bezwstydnie, krowiasto. Czy mnie też to czeka?

Po wejściu na halę sprzedażową zauważam, że promocja na pieluchy już się skończyła. Płacę pełną cenę przy pustej kasie pierwszeństwa.

M.

Dzień, w którym ma urodzić się moje dziecko, spędzam w M., supermarkecie ze sprzętem domowym i elektronicznym. Wspólnej przyjaciółce z koleżanką kupujemy prezent urodzinowy. Czasu jest mało, bo jubileusz ma być świętowany jeszcze tego samego dnia. Pojawiam się na imprezie na piętnaście minut i widzę, jak wzruszona jubilatka mówi do licznie zgromadzonych gości:

– To najpiękniejszy dzień w moim życiu.

W knajpie jest duszno i delirycznie. Pasuję tam z moim dziewięciomiesięcznym brzuchem jak osioł do ferrari.

Prezent jest składkowy, jest to wieża hi-fi. Przyjaciółka cieszy się z podarunku, jednak przez kolejne kilka miesięcy waha się z jego podłączeniem i sprzęt kurzy się w fabrycznym kartonie, wysoko na regale. Taki już ma charakter, ta przyjaciółka. Niektórzy boją się zmian, nawet jeśli miałoby to być podłączenie nowego stereo.

Dziewiąty miesiąc. Odkąd zaczęłam trzeci trymestr, w domu panuje głównie cisza. Sporadycznie słucham muzyki z laptopa, ale po jakimś czasie i to zaczyna mnie denerwować.

Słucham muzyki, kiedy ma to związek z moją pracą. W siódmym miesiącu realizuję zamówienie na montaż filmu krótkometrażowego. Po jego ukończeniu siedzę już w całkowitej ciszy. Sprzyja temu charakter mojego męża, gdyż jest on osobą małomówną. Lubi też pracować wieczorami i w nocy. Spędzamy razem ranki i przedpołudnia, później on wychodzi do swojej pracowni. Potrafię od godziny trzynastej do późnych godzin nocnych nie rozmawiać z nikim. Zdarza się, że około godziny dwudziestej drugiej odbieram telefon i zamiast własnego głosu słyszę jakiś skrzekliwy pisk. Zapominam trochę, jak prowadzi się konwersację, poza tym jeżeli ktoś do mnie dzwoni, natychmiast pyta, czy może już urodziłam. Nie, jeszcze nie urodziłam. Dobrze się czuję, chociaż mam nadciśnienie. Wszystko pod kontrolą. Pozwalam sobie coraz częściej na ignorowanie połączeń przychodzących, ale nie ma ich znowu aż tak wiele.

Popołudnia i wieczory upływają mi na monotonnych, uspokajających zajęciach domowych. Wszystko robię bardzo wolno, ale staram się tym nie denerwować. Czasem odwiedzam znajomych, rzadziej oni odwiedzają mnie. Przestaję czuć się dobrze wśród ludzi, nie robię sobie z tego powodu wyrzutów. Myślę, że mogę trochę ich przerażać, mogę stanowić nieco zbyt obsceniczny widok. W filmach i w telewizji rodzące kobiety mają brzuch nieduży, taki jak ja nosiłam trzy miesiące wcześniej. Mój brzuch w ostatnim miesiącu mierzy sto szesnaście centymetrów w obwodzie.

Dzień po terminie porodu nic się nie dzieje. Jadę do supermarketu M. jeszcze raz i kupuję do domu tani odtwarzacz płyt z radiem.

Taka całkowita cisza jest jednak nieznośna.

Kino F.

Nie, nie wyobrażam sobie nijak obecności dziecka w moim domu. Do tej pory nienarodzony syn był po prostu dodatkową częścią ciała. Nie mówię do niego, chociaż specjaliści zalecają taki kontakt. Podobno sprzyja budowaniu ścisłej więzi matka–płód. Próbuję raz i wypada to bardzo sztucznie. Wstydzę się, gadam cokolwiek i po paru zdaniach zawieszam się, zażenowana, jakbym próbowała rozmawiać z własnym palcem albo trzustką. Z nimi przecież się nie konwersuje, one po prostu są. Podobno kiedyś było tak z dziećmi, jednak dzisiaj już tak nie ma. Dzisiaj to już trochę bardziej skomplikowany, ale i dalece precyzyjniejszy proces, przedsięwzięcie, projekt.

Kino F. odwiedzam z mężem trzy dni po planowanym terminie rozwiązania. Oglądamy film o niebezpiecznych przygodach polskich policjantów. Jem posolony popcorn, chociaż stanowczo tego mi nie wolno, z uwagi na zagrożenie zespołem HELLP. Dwa razy wychodzę do toalety.

Kino F. nie jest klimatyzowanym multipleksem. Sala jest nieduża. Często je odwiedzamy, bo znajduje się niedaleko firmy męża. Umawiam się z nim pod kinem i czekam dziesięć minut, mimo przymrozku jest mi gorąco. Półtora roku później kino zamieni się w dyskont.

W drodze powrotnej rozmawiamy o filmie, który nie był ani zły, ani szczególnie dobry, ale względnie podobał się nam obojgu. Tej samej nocy zaczynam rodzić.

Po niecałej dobie, we wtorek wieczorem mój syn jest już na świecie. Przychodzi na świat w sali operacyjnej, mierzy pięćdziesiąt osiem centymetrów i waży cztery kilo. Dostaje siedem punktów w skali Apgar.

Wychodzimy ze szpitala po tygodniu.

Centrum
sprzedaży części
do samochodów
japońskich

wy wpływ, w przeciwieństwie do karmienia piersią, bolesnych gazów mojego synka czy w końcu trybu snu i czuwania młodej matki. Upajam się tą kontrolą z narkotyczną pasją i wracam do domu rozpromieniona czystym autem z nowymi lusterkami.

Trzeba kupić lusterka. Jadę pod Warszawę, do dużego magazynu, bez dziecka, które zostało z ojcem. Ojciec karmi je mlekiem z butelki i dużo przytula, dużo lepiej też radzi sobie z przewijaniem i kąpielą. Mnie zbyt trzęsą się ręce i nie mogę dźwigać po operacji. Chodzę powoli, trochę pochylona do przodu. Zdaje mi się, że czuję się już doskonale. Po miesiącu, kiedy rana się już wygoi, stwierdzę, że wcale nie byłam w dobrym stanie, tylko raczej znajdowałam się w sytuacji permanentnego szoku, który skutecznie tłumił boleści dochodzenia do siebie.

Podczas naszego pobytu w szpitalu położniczym mój mąż spędza noce samotnie w mieszkaniu. Pracuje i odwiedza nas w ciągu dnia. Jest roztrzęsiony i podekscytowany, z trudem sypia w nocy. Martwi się o nas. Któregoś wieczoru, gdy wraca do domu, przetrąca lusterko. W rogu bocznej szyby, od strony kierowcy sterczy teraz smutny kikut.

Od razu zauważam ten kikut, kiedy mąż odbiera mnie i dziecko z oddziału położniczego. Jestem zdenerwowana. Złość i rozdrażnienie przybierają na sile po wejściu do samochodu, gdyż panuje w nim potworny nieporządek. Jest styczniowe, szare i wilgotne popołudnie, tkwimy pod szpitalem. Zdezorientowany ojciec pali papierosa kilka metrów od nas. Fotelik z dzieckiem stoi bezpośrednio na chodniku.

Płaczę całą drogę do domu i kolejne godziny już w nim. Uspokajam się dopiero, kiedy odwiedza nas położna. Słucham uważnie instrukcji, zapisuję wszystko w zeszycie. Kąpiemy noworodka. Kobieta wyraźnie podkreśla, że odbywała i odbywa wizyty prywatne w domach osób znanych z telewizji, gazet i internetu. Jest mi trochę niezręcznie i głupio wobec pielęgniarki, że my nie jesteśmy takimi osobami. Do tej pory kompletnie mi ów fakt nie przeszkadzał. Pewność siebie medyczki budzi jednak zaufanie. Po jej wyjściu uspokajam się i przepraszam męża za to, że w swoim, godnym dwulatki, ataku rozpaczy rzuciłam o podłogę „przedmiotem". Mówię „przedmiot", ale oboje wiemy, że chodzi o krzesło, z którego odpadła poprzeczka.

Nie do końca uświadamiam sobie, co się ze mną dzieje. Myślę, że może grozić mi depresja poporodowa. Mam w głowie kilka pustych miejsc z czasu pobytu w szpitalu i rośnie we mnie przeświadczenie, że miałam nie przeżyć tego porodu, a los złośliwie zakpił ze mnie, ratując nas oboje – mnie i dziecko – od śmierci za pomocą nowoczesnej chirurgii i farmakologii.

Zaniepokojona proszę męża, by za kilka dni, lub tygodni, jeśli moje samopoczucie nie będzie się polepszać, zmusił mnie do wizyty u psychiatry. Wiem, że obniżenie nastroju w połogu jest reakcją fizjologiczną, dlatego nie chcę pędzić do lekarza od razu. Chcę poczekać i zobaczyć, będzie.

Ale najpierw jadę po lusterka. Płacę prawie dwieście złotych, jednak już na pierwszy rzut oka widać, że to podróbki: dzyndzle do ustawiania położenia szybek nie działają i zamontowane są w plastikowej obudowie jedynie dla formy. Mechanik montuje lusterka na dycht, bez możliwości manewru.

Wciąż mam jeszcze szwy w podbrzuszu. Ze świeżo przykręconymi lusterkami jadę na stację benzynową, kurzam z zacięciem wnętrze samochodu. Wycieram kąty nabłyszczaczem. To bardzo głupi pomysł dla kobiety w połogu po cesarskim cięciu. Jednak stopień czystości wnętrza samochodu jest czymś, na co mam natychmiast

Centrum
handlowe w B.

Nie przypominam sobie, które centrum handlowe odwiedziłam zimą 2006 roku. W mieście w tamtym czasie były może ze dwa albo trzy. (Teraz jest kilkanaście, a jedno nawet dokładnie naprzeciwko domu mojego ojca. Ogromne lightboxy z reklamami bielizny umieszczone na elewacji budynku sprawiają, że w mieszkaniu nocą jest jasno i niepokojąco).

W każdym razie pamiętam ten sklep z odzieżą, w którym razem z rodzicami, jako dorosła dwudziestoparoletnia kobieta, kupowałam sobie spodnie.

Jednym z objawów, które zaprowadziły mnie w roku 2006 do lekarza psychiatry, było silne poczucie zdeformowanego ciała. Przestawałam czuć poszczególne jego części, miałam wrażenie, że niekontrolowanie rozrasta się, zarasta

41

mi twarz, która zza zwałów dziwnej tkanki traci rysy i zapada się do środka. Przestałam wychodzić z domu i wyrzuciłam bardzo dużo ubrań, ponieważ ubieranie oznaczało dotykanie tego ciała, kontakt z nim, a to budziło mój lęk i obrzydzenie. Dlatego też w 2006 roku pozbawiona większości odzieży na zmianę znalazłam się z rodzicami w sklepie. Mierzyłam spodnie czterdzieści minut, a wciąganie ich na uda i pośladki, każde szarpnięcie paska do góry, powodowało, że zanosiłam się bezgłośnym szlochem.

Parę tygodni wcześniej dziekan udzielił mi urlopu zdrowotnego. Do podania dołączyłam zaświadczenie od psychiatry, na którym widniał zapis: „Głęboki epizod depresyjny". Pamiętam zakłopotanie mężczyzny, kiedy przeczytał pisma. Nie wiedzieć czemu rozmowa odbywała się na schodach. Dziekan miał na sobie skórzaną kurtkę w stylu pięćdziesięcioletniego kontrolera biletów autobusowych. Stanął na niższym stopniu niż ja. Od niedawna przyjmowałam nowe leki, ich efektem ubocznym było nadmierne pocenie się, suchość w ustach i coś w rodzaju dziwnych wyładowań elektrycznych w mózgu. Cienka strużka ściekała mi po szyi, pod szalik, a w kieszeni miętosiłam papierek, który po chwili zrobił się wilgotny i lepki.

Trudno jest pisać o cierpieniu w sposób wiarygodny. Do tej pory ciężko mi jest siebie przekonać, że emocjonalny, niefizyczny ból może być realny. Z drugiej strony zaś depresja potrafi chronić przed tym rodzajem bólu, który mimo że wciąż pozostaje subiektywny, jest uzasadniony. Tak jak karatecy hartują piszczele, uderzając w nie rytmicznie drewnianym lub metalowym prętem, tak osoby znające stały, wolno płynący ból (również ten emocjonalny) mogą znosić lepiej niespodziewane fizyczne niedogodności. Ta prawidłość występuje również u mnie, a przynajmniej lubię tak myśleć o sobie. Zahartowana do bólu. Jedyny wyjątek, jedyny ból, do którego nie byłam przygotowana, to ból porodu pochwowego.

Najbardziej w życiu bolało mnie po operacji bioder. Protekcjonalne pielęgniarki niechętnie wydzielały silne leki pozwalające odpłynąć w półsenny niebyt, mimo że wyraźnie figurowały w zleceniu lekarskim, a szpital oklejony był reklamami kampanii walki z bólem. Pacjenci chirurgiczni dzwonili nocami. Na pierwszy ogień pielęgniarki próbowały z paracetamolem. Negocjowały z leżącymi na temat siły odczuwanych dolegliwości, podtykając im pod nos plastikowe miarki z białymi, podłużnymi kapsułkami. Zainteresowani z trudem próbowali unieść się na rękach, by proszki nie utknęły im w gardle. Połykali grzecznie. Gdy nie przynosiło to poprawy, zniecierpliwione siostry przynosiły w blaszanych nerkach miniaturowe strzykawki z dawką narkotyku. Wpuszczały substancję pod skórę, w specjalny wenflon pod obojczykiem, tłumacząc, że domięśniowo czy dożylnie podane opiaty natychmiast zamienią obolałych nieszczęśników w dzieci z Dworca ZOO. Podskórne zastrzyki swędziały i piekły, działały krócej i nie znosiły dolegliwości bólowych, pozostawiając pacjentów pod silnym wpływem jedynie efektów ubocznych: mdłości, otępienia i zesztywniałego języka.

Pielęgniarki, w swoim uporze i kulcie pozytywnego myślenia jako najlepszego analgetyku, przypominały internetowych supermenów, którzy osobom na skraju samobójstwa doradzają sport na świeżym powietrzu, fitness i kosmetyczkę. Wiele jest świadectw o cudownie uleczonych z depresji ultramaratończykach, joginach i zapalonych cyklistach. Do tej grupy zaliczają się również doskonałe matki, matki z osobowością typu A, które lubią używać określeń „użalanie się" oraz „kiepska organizacja". Według matek typu A depresja poporodowa to wymysł tłustych mieszkanek średnich rejonów klasy średniej. Cudze cierpienie budzić może wiele podskórnych reakcji agresywnych, szczypiących jak ta nieszczęśliwie podawana morfina, zwłaszcza gdy cierpiący traci wewnętrzny kulturowy imperatyw „walki z cierpieniem" czy „niepoddawania się cierpieniu" i po prostu cierpi, nieraz wcale nie w milczeniu i bez godności. Wystarczy zamknąć oczy i przyjrzeć się temu, co nasuwa się nam jako pierwsze, po wklepaniu w wewnętrzne gugle haseł „cierpienie" i „ból". Czy jest to dziecko ze smutnymi oczami, ściskające misia? Być może, bo – całe szczęście –

dziecko w tej zaradnościowej dialektyce za własny ból nie ponosi odpowiedzialności. Ktoś powinien je wyratować, ocalić, być może wyratuje je nasze współczucie i troska. Sami zanurzymy się w łunie, w poświacie, w lepszości.

Czy pierwszy obraz przy haśle „cierpienie" to wycieńczona osoba, często kobieta, leżąca na łóżku w hospicjum, która na głowie ma kolorową chustę, wielkie, podkrążone i smutne oczy, szczupły nadgarstek z dyskretnym wenflonem na jasnej kołdrze? Cierpiąca, ale zazwyczaj uśmiecha się łagodnie, promieniejąc wewnętrzną mądrością i poznaniem. W tle majaczy otwarte okno, kolorystyka zdjęcia jest pastelowa. Nic nie można zrobić, nie ma co roztrząsać winy ani kary, i tego, co jest po drugiej stronie.

Czy myśląc o cierpieniu, narzuca się nam raczej hiperrealistyczny obraz wykrzywionej, załzawionej i zaślinionej, czerwonej twarzy? Czy widzimy dren, wystający z rany pooperacyjnej, ciągnące szwy albo samodzielne próby zrobienia siku, w których ostatecznie pomóc musi zniecierpliwiona salowa? Czy w końcu widzimy osobę siedzącą nieruchomo na krześle lub nieposłanym brudnym łóżku, z twarzą jakby spływającą z kości i mięśni, szarą i bezmyślną? Osobę leniwą, gnuśną, bezrobotną, osobę w depresji? Której żałosne próby społecznego życia kończą się na usiłowaniach samodzielnego wyjścia po bułki, nie wspominając o pracy czy udanym życiu uczuciowo-rodzinnym.

Jakie skojarzenie z cierpieniem jest nam najbliższe? Co łatwiej jest znieść, w jakiej hipotetycznej roli się obsadzić, mając na uwadze, że rozdawnictwo cierpienia jest, jak niewiele rzeczy w świecie, dosyć demokratyczne?

Siostry z oddziału ortopedycznego zdecydowanie preferowały ową estetyczno-heroiczną wizję bólu. Zawsze przecież może boleć mocniej, można zemdleć z bólu albo być tak słabym, że irytujące jęczenie milknie do zduszonego, niesłyszalnego szeptu.

– Niemożliwe, żeby tak bolało – mówiły siedemdziesięcioletniej kobiecie z rakiem pęcherza, tuż po operacji drutowania odcinka lędźwiowego.

– Spokoju nie dadzą – mamrotały obrażone, sunące ku łóżkom, podzwaniając stalowymi nereczkami ze strzykawką.

– Teraz muszę zapalić górne światło i pobudzą się wszyscy pacjenci. Też wymyśliłaś – usiłowały zawstydzać nieszczęśnicę z komplikacjami po operacji kręgozmyku.

Kwadrans po wybłaganej iniekcji milkły jęki i stękania w ciemności. Cała sala oddychała z ulgą i zapadała w sen. Ja nie spałam, bojąc się poprosić o zastrzyk, a łzy bezgłośnie spływały mi po policzkach.

Jednak te łzy, tak przynajmniej wówczas czułam, były zasłużone, właściwe i niekoniecznie zawstydzające.

* * *

W czasie porodu również płakałam.

Niewiele pamiętam. Mąż na plastikowym krześle czytał „Politykę". Wychodził do barku. Raz wyszedł zdrzemnąć się w aucie. Ja czekałam. Nic szczególnego się nie działo, poza bólem. Ból i skurcze ustąpiły trochę po przyjęciu do szpitala, jednak upierałam się przy znieczuleniu. Wybrałam ten szpital, bo reklamował się, że w nim można znieczulić się za darmo. Bez krępującego wyciągania wyliczonej kwoty z torebki. Bez porozumiewawczych syknięć do męża czy narzeczonego. Bez wycieczek do bankomatu.

Anestezjolog miał złoty zegarek i kaca. Nie był miły, wygrażał paraliżem, a ja sztywniałam i zaczynałam się trząść, kiedy końcówka igły Tuohy zbliżała się do skóry opinającej dolne partie odcinka lędźwiowego. Na tym etapie było jeszcze w miarę czysto i szpitalnie. Brudno i strasznie zaczęło się potem, kiedy lekarka znienacka, wprawnym ruchem sprawiła, że odeszły mi wody.

Potem bardzo, bardzo dużo rzeczy poszło nie tak. Do tej pory chciałabym myśleć, że to nie moja wina. Gdzieś jednak czuję, że moja. Że nie starałam się dostatecznie. Że to znieczulenie. Że od samego początku nie byłam entuzjastką porodu naturalnego. Że błagałam o cięcie, narkozę, zróbcie coś, wyciągnijcie go. Wiem, że to wszystko bzdura.

Nie można tego przewidzieć, jak chciałyby przewidywać entuzjastki porodów w przydomowym basenie i potrawek z łożyska. W moim systemie operacyjnym nie ma fabrycznej nakładki pod tytułem *Rodzenie dziecka*. Nie ma. I jeśli mam przyjrzeć się tej sprawie tak naprawdę, głębiej, to czuję ogromną ulgę i wdzięczność, że nie musiałam dołem. I od początku wiedziałam, że tak będzie. Na myśl o tym, że musiałabym, że musiałam, że mogłam, od razu poprawiam się na krześle i zakładam nogę na nogę. Nie. Ja jestem z tych szlachcianek, z tych napiętnowanych nadmiernym bólem, z tych delikatnych, chociaż dużym babom metr osiemdziesiąt to nie przystoi, nie wypada. Polskiej krowie nie wypada. Polska matka jest kobieca, ale heroiczna. Delikatna, ale z postury, a z charakteru twarda. A tu bęc, dorodna rzepa, a wyje jak hrabianka przy pożarze dworu.

Gdyż ta upasiona krowa w czterdziestym tygodniu, po dwudziestu godzinach stękania i wycia nie może ot tak pojechać w zielonym wózku do zielonej sali, ućpana fenoterolem i pavulonem, gdzie chirurg odwali całą robotę za nią. O nie. Takie rzeczy mówiły dwie położne, które podważyły decyzję lekarza, że tniemy, i załadowawszy mi nogi w strzemiona, nie zważając na protesty, jęły wyciskać, wyciągać, pokrzykując przy tym i łżąc. Pospadały peloty, rozwyły się alarmy monitorujące, usłyszałam swój krzyk pierwotny, bezwstydny, zmieszany z oburzonym krzykiem mojego męża. I zemdlałam.

Bo wiecie, panie i panowie, ja po prostu nie mogę, jak boli tam, na dole, w słabiźnie. Pewnie podobnie, no ale inaczej, odczuwałby facet dwudziestogodzinne kopanie w jaja. Skończyło się tak, że rzeczywiście dziecko wycięto, jakieś dwadzieścia trzy minuty po dziewiętnastej. Mnie zaszyto brzuch. Dziecka nie zobaczyłam jeszcze długo. W nocy przyszły do mojej sali te dwie złe czarownice położne i powiedziały kilka zdań. O niedostatecznym staraniu, o tym, że nie każda doświadcza cudu narodzin, że było ciężko, ale mogłam przecież rodzić naturalnie. Nie przyśniły mi się te położne, nie zmyśliłam ich, tak jak nie przyśniłam i nie zmyśliłam siostry oddziałowej, która zaprosiła mnie i męża na rozmowę do swojego gabinetu, dopiero kiedy okazało się, że z dzieckiem wszystko się udało, że zdrowieje, że wyjdziemy po tygodniu. Oddziałowa przepraszała nas za swoje pracownice. Mówiła, że nie będą już przy porodach. Że wie, że przychodziły do mnie w nocy, że wykorzystały moją słabość, by chronić swoje tyłki, że kryły własne błędy przy porodzie mojego syna.

Oczywiście na stronie szpitala położne nadal figurują w spisie pracowników porodówki, a jedna z nich ma bardzo dobre opinie wśród internautek, które prywatnie płacą jej za opiekę.

Późniejszy pobyt w szpitalu, tydzień na gwarnym położnictwie wspominam jednak z rozczuleniem. Ruch w wieloosobowej sali przypomina dworcową halę.

Albo centrum handlowe.

Jak brać się w garść

Szesnastego marca 2013 roku wstaję z łóżka bardzo wcześnie. Po nieprzespanej nocy z niemowlęciem przy biuście widzę w lustrze zapuchniętą, przestraszoną i obcą osobę. Karmienie piersią, doświadczenie tyleż opiewane, co dla mnie bolesne i w konsekwencji niemal niemożliwe, odbiera mi możliwość odpoczynku. Nawet gdy syte, tłuste dziecko usypia, równomiernie pochrapując, ja wlepiam wytrzeszczone, bezsenne gałki w sufit. Nigdy nie wiem, kiedy obudzi się znowu. Perspektywa ponownego wyrwania się z upragnionego skrawka snu wydaje mi się na tyle upiorna, że postanawiam nie zasypiać w ogóle.

Poranek zaczął się dla mnie o 4.30. Najpierw prysznic. Dokładnie szoruję się ostrą szczotką z naturalnego włosia, wierząc, że w ten sposób okiełznam obce, zdeformowane ciało. Później balsam antycelulitowy. Ubranie, ze szczególnym uwzględnieniem bielizny modelującej. Wieczorem mam na brzuchu i biodrach czerwonosine ślady, gdyż wybieram z oferty gorsety, wysokie majtki i podkoszulki o największej sile ucisku. Włosy. Modelowanie na szczotce. Pełen makijaż mam na sobie już o 5.12.

Przekładam dziecko do gondoli wózka i zabieram je z sobą, owinięte w becik, do kuchni połączonej z salonem. O 5.14 zaczynam sprzątać. Zamiatanie. Na kolanach. Wymiatanie okruchów z dywanu. Mycie blatów, zlewu. Szorowanie czajnika elektrycznego, baterii, szafek. Przecieranie lodówki. Z zewnątrz i w środku. Wyparzanie laktatora, butelek. Wycieranie ich do sucha. O szóstej mogę już włączyć odkurzacz. Odkurzam: biały szum dobywający się z trzewi urządzenia uspokaja nerwowo wiercące się w gondoli dziecko. Mop, szorowanie płytki indukcyjnej. Podłoga. Poprawianie na kolanach. O 7.25 siedzę na wymiecionej z okruszków kanapie, przystawiam do piersi głodnego syna. Mam łzy w oczach, bo karmienie nadal potwornie boli. O 7.37 łzy w oczach zmieniają się w szloch, który próbuję stłumić dwiema paczkami biszkoptów. Zazwyczaj przypominają mi się wtedy położne z porodówki i ich komentarze („rzepa", „krowa"). W ciąży przytyłam dwadzieścia pięć kilogramów, ze szczupłej, wysokiej i atrakcyjnej kobiety zamieniłam się w ociężały i zmęczony kawałek mięsa. Tymczasem dziecko jest już na świecie, zegarek wskazuje 7.40, a ja płaczę, płaczę coraz głośniej. Kawałki biszkoptów w ustach zlepiają się w słodką, obrzydliwą masę. Tak obrzydliwą jak moje rozstępy, jak pokaźne uda, jak ogromny biust, jak pełne biodra, przypominające zwały białej bezy. Tulę synka mocno do siebie, okruszki biszkoptów spadają na jego kocyk i pokrytą delikatnymi włoskami główkę. Jak mogę sprawić, by nie był chory i nieszczęśliwy, skoro sama nie potrafię zapanować nad swoim życiem?

Siedzę na kanapie, płacząc, z dzieckiem przy piersi. W pokoju lśni. Pachnie detergentem. Jest pięknie, jak w katalogu drogiej agencji nieruchomości. Ta kompulsywna czystość jest jedynym aspektem mojego życia, nad którym mam kontrolę. Nie mam kontroli nad ciałem, wliczając w to bolące jak skurwysyny piersi, ataki wilczego głodu w czasie karmienia i napawające trwogą, nieprzystające do żadnych kanonów kształty. Nie mam kontroli nad snem. Wydaje mi się, że nigdy już nic nie wymyślę, nie wyjdę poza to trwanie, to czekanie. Znajduję się w innej czasoprzestrzeni, w nieskazitelnie czystej celi o powierzchni 51,4 metra kwadratowego (nie licząc skosów).

Szesnastego marca 2013 o godzinie 9.47 mówię mężowi, mówię mu spokojnym, pewnym głosem, że nadeszła pora, aby poszukał innej kobiety, w tym innej matki naszego syna. Tekst nie wydaje mi się ani niestosowny, ani idiotyczny. Jestem pewna zbliżającej się śmierci, chcę mu pomóc otrząsnąć się i przygotować na moje odejście, zanim pociągnę za sobą kogoś, coś, poza samą sobą.

Jednak jest to czas, kiedy w naszym domu jest najczyściej. Jest pięknie.

Przychodnia
Psyche-Medica

Mokotów, zimny, deszczowy wieczór. We wnętrzu kliniki nie słychać kropli uderzających o przeszklone ściany apartamentowca. Schludny interior prywatnej przychodni utrzymany jest w zimnych, odświeżających kolorach. Po śnieżnobiałej ścianie biegnie wąski pasek jasnego błękitu, a szklany panel za futurystyczną bryłą wysokiego biurka rejestracji pokryty jest fototapetą, przedstawiającą świeże, nakrapiane rosą źdźbła intensywnie zielonej trawy. Tabliczki z nazwiskami lekarzy pracujących w przychodni są również zielone. Krój czcionki – prosty, wyboldowany: **dr n. med. Ewelina Kraplon-Januszewska, mgr Jolanta Kuźniak-Dobrowolska, dr n. med. spec. psychiatra Konstanty Wojciech Setniczak**. Można płacić kartą. Czekam na obitym sztuczną skórą zielonym krześle o chromowanych nóżkach. Światło buszuje mi po twarzy, wdziera pod powieki. Chociaż staram się mrużyć oczy, to ta jasność penetruje mnie i znieważa.

– Pani Nowak, proszę. – Białe drzwi uchylają się bezgłośnie.

Podnoszę się z krzesła, z wyraźnym, dość podłym skurczem w chorych biodrach. Wchodzę do gabinetu. Urządzony jest w zupełnie innym stylu niż korytarz – na stole pyszni się charakterystyczny okrągły klosz stołowej lampy Eamsów. Rozproszone żółtawe światło osiada na grzbietach książek na dębowym regale. Tylko szara, przemysłowa wykładzina podłogowa zdradza usługowy charakter gabinetu, urządzonego po mieszczańsku. Setniczak siedzi na jednym z dwóch foteli przy niskim stoliku kawowym. W ręku trzyma teczkę z klipsem. Ma drogie okulary. Jest bez marynarki, w niedbale poluzowanym krawacie, rękawy koszuli ma podwinięte do łokci. Jest przystojnym brunetem po czterdziestce o filmowej urodzie. W połączeniu z jego wystudiowanym, acz tandetnie kliszowym wizerunkiem gabinet przypomina scenografię do zdjęcia ze stocka. Psychiatra uśmiecha się półgębkiem, przyjaźnie, zapraszając do zajęcia miejsca na drugim fotelu z giętej sklejki.

– Słucham.

– Mam depresję poporodową.

– Ile miesięcy ma dziecko?

– Dwa. Byłam już u pana, przed ciążą. Skierował mnie pan na terapię grupową dla osób depresyjnych.

– Ach tak. – Setniczak wstaje i podchodzi do biurka z laptopem.

Chwilę stuka w klawiaturę, minutę, może dwie. Wraca i znów siada w fotelu.

– I jak ta terapia, pomogła?

– Wtedy pomogła. Teraz już nie chodzę.

– Jakie ma pani objawy tej depresji?

– Nie śpię, jem dużo słodyczy, strasznie się złoszczę. I ciągle sprzątam.

– Poród?

– Cięcie ze wskazań nagłych, zanik tętna.

– To stresujący, rzeczywiście. Z dzieckiem w porządku?

– W niedotlenieniu, siedem na dziesięć. Ale szybko doszedł do siebie. Chociaż nigdy nie wiadomo.

– Dlaczego pani myśli, że to depresja poporodowa?

– Mam depresję od ośmiu lat. Przeczytałam w internecie, że według statystyk jestem w grupie ryzyka.

– No i...

Czy on naprawdę chce to usłyszeć? Muszę mówić to na głos?

– Czuję, że nie powinnam być matką. Chyba tak bardzo boję się, że go stracę, że nie umiem się otworzyć. Wyobrażam sobie różne rzeczy.

– Jakie?

– Śmierć. Moją, dziecka. Że uciekam. Albo że widzę całą rodzinę, męża, syna, tylko inną kobietę obok. Przyglądam się temu z boku. Zwłaszcza ta ostatnia wizja, można powiedzieć, że jest obsesyjna.

– Rozumiem. – Setniczak przesuwa długopisem po teczce z klipsem. Rozglądam się po pokoju, prześlizguję wzrokiem po tytułach książek. *Psychopatologia, Miłosz* Andrzeja Franaszka, Norman Davies. Nie sądzę, by Setniczak przeczytał Franaszka, wszyscy tę książkę mają, a nikt jakoś nie chciał dyskutować o jej treści. Takie książki kupuje się na Gwiazdkę w Empiku, o czternastej w Wigilię. Ja też jej nie przeczytałam.

– Wydaje mi się, że biorąc pod uwagę pani historię, należałoby włączyć farmakoterapię. Karmi pani?

– Tak, ale bez szału. Strasznie boli. Głównie ściągam i daję butelkę.

– Przy tym rzucie leków należałoby przestawić dziecko na mieszankę. Zapiszę pani antydepresanty i stabilizatory. Jest pani depresyjna, często po porodzie choroba zmienia postać z jedno- w dwubiegunową. Stabilizatory są głęboko niewskazane przy karmieniu piersią. Rozumiem, że to nie będzie problemem.

– Nie.

Znam argumenty matek karmiących za wszelką cenę dzieci nieprzybierające na wadze, znam na pamięć wszystkie zwroty stosowane przez internautki: otyłość, rak piersi, niższa inteligencja, przystawiać i jeszcze raz przystawiać, zalecenia WHO, nie ma czegoś takiego jak brak pokarmu, mnie też bolało, ale po trzech miesiącach przeszło, zapalenie piersi i ropa, doradca laktacyjny, podcięcie wędzidełka, nakładki silikonowe, system SNS, karmienie po palcu, pochyły kubeczek, wychowanie bezsmoczkowe. Moje piersi wytwarzają przemysłową ilość mleka, a syn ssie jak odkurzacz. Owszem, boli. Na wspomnienie tego charakterystycznego kłucia, miliona igiełek wbijanych w klatkę piersiową, odruchowo kulę plecy. Masuję lewym kciukiem odcisk – rezultat nieustannego używania laktatora ręcznego – znajdujący się na kostce prawej dłoni. Zalecenie psychiatry sprawia mi wyraźną ulgę.

– Nie, nie będzie to problemem – powtarzam. – Mąż też podaje butelkę. Powiem mu, że to on musi karmić go w nocy, bo psychiatra kazał mi się wysypiać.

– To dobry pomysł. – Setniczak uśmiecha się przyjaźnie. – Na czym polegają pani problemy ze snem?

– Po prostu od porodu nie przespałam więcej niż godziny. W pewnym momencie chyba postanowiłam nie zasypiać. Wydaje mi się, że śpię z otwartymi oczami, od czasu do czasu. Tak jakby... ciągle czuwam. Ciągle myślę. I sprzątam. Strasznie zależy mi na porządku, tylko porządek, można powiedzieć, mnie trochę uspokaja.

– Mhm. Wspomniała pani o złości.

– Tak, krzyczę na męża. Na dziecko nie krzyczę, bo i tak nic nie rozumie. Mam takie napady żalu i złości, że aż chcę rozwalać ściany. Przeważnie rano. Po południu jest lepiej.

– To także ważny objaw. Obserwuje się takie zmiany temperamentu po porodzie. Złość dobrze maskuje frustrację, a jednocześnie jest witalna. Musi się pani zająć dzieckiem, więc można powiedzieć, roznieca pani w sobie energetyzujący ogień.

– Ja wcześniej też byłam wybuchowa. Ale nie aż tak.

– Mhm. – Setniczak kreśli coś po teczce z klipsem i znów podchodzi do laptopa.

– Często to się zdarza? – pytam. – Czy dużo kobiet, takich jak ja... przychodzi tu do pana?

– Więcej, niż wszyscy myślą. W ostatnich latach kilka razy więcej. Więcej się o tym mówi, pani Nowak. To chyba dobrze.

Drukarka, stojąca nieopodal stolika kawowego prawie bezgłośnie wypluwa moją receptę.

– Ach, no i najważniejsze, pani Nowak. – Wręcza mi papier i uśmiecha się zalotnie. – Wellbutrin doskonale zmniejsza apetyt. Kilogramy lecą niezauważalnie. Ile pani waży?

– Siedemdziesiąt pięć – odpowiadam machinalnie.

W gardle czuję włochatą kulę, a w ustach – intensywny, kwaśny posmak.

– A wzrost?

– Sto siedemdziesiąt osiem.

– To nie jest aż tak źle. Co do depresji: trzy miesiące i jest pani dawną sobą – uśmiecha się doktor nauk medycznych, specjalista psychiatra, podając mi rękę na pożegnanie. – Do zobaczenia.

Wizyta kosztuje dwieście złotych, a leki na najbliższe dwa miesiące – trzysta osiemdziesiąt cztery.

Wiosna
w kamiennym kręgu

Mieszkamy w dobrej dzielnicy za rzeką. Dzielnica ta jednak oddzielona jest od reszty miasta niewidzialnym murem schodów, przejść podziemnych i zepsutych wind. Można wyjść z dzielnicy piechotą, popychając przed sobą wózek, ale wówczas należy przekroczyć rzekę ruchliwym mostem, który o każdej porze rozbrzmiewa warkotem aut. Na inny most trzeba wciągać wózek stromą, z dołu niemal nieskończoną parą szyn. Kółka dużego, ciężkiego pojazdu ześlizgują się z idiotycznie zaprojektowanego podejścia, przednie, skrętne kółko zahacza o schody. Któregoś razu, początkowo skuszona wyprawą, rezygnuję w połowie podejścia. Ściągam z wózka opatuloną gondolę, znoszę ją na rękach, wracam błyskawicznie po stelaż. Zbiegam, ciągnąc za sobą stelaż, tak szybko, że na ostatnim schodku potykam się i przewracam, lądując na kolanach. Pobliski park, po czterech spacerach w tę i z powrotem nudzi mi się tak bardzo, że nie odwiedzam go przez kolejny rok. Wózek zaklinowuje się w wąskich przestrzeniach między parkanami okazałych willi a niefrasobliwie zaparkowanymi autami, zastawiającymi chodnik. Przez internet zamawiam chustę do noszenia dziecka, długie godziny studiuję metody jej zawiązywania w taki sposób, by dziecko nie wierciło się niecierpliwie, nie wypadała mu nóżka, by giętki kręgosłupek nie wykrzywiał się pod nieprawidłowym kątem. Nawet jeśli dziecko jest odpowiednio przywiązane, a ja mam wolne ręce, na każdy spacer zabierać muszę torbę wypchaną niezbędnymi przedmiotami. Śliniak, ubranko na zmianę, butelka, termos z gorącą wodą, butelka z zimną wodą, pojemnik z odmierzonym mlekiem w proszku, pieluchy, chusteczki, podkład higieniczny, portfel, klucze, telefon, ładowarka. Torba nieustannie ześlizguje mi się z ramienia. Boję się wsiadać, ubrana w dziecko, do autobusu i tramwaju, w obawie przed gwałtownym hamowaniem, podczas którego stracę równowagę, przewrócę się, a małe ciałko synka, skulone na mojej klatce piersiowej, uderzy w twardy drążek albo w podłogę.

Podejmuję nieustający, codzienny wysiłek, by wychodzić z domu. Urządzam tydzień samochodowych wycieczek po wszystkich stołecznych parkach. Jest zimno i nieprzyjaźnie, ziemia jest wciąż zmarznięta, wieje chłodny, suchy wiatr. Po terenach zielonych snuje się niewiele matek, z rzadka mignie jakaś babcia albo starsza niania. Synek na spacerze śpi tylko wtedy, kiedy wózek się porusza. Po godzinnej przechadzce mam czerwone policzki i nieprzyjemne uczucie zimnej wilgoci na całym ciele. Zwiedziwszy prawie wszystkie miejskie parki, do których dojeżdżam samochodem, a następnie wykonuję skomplikowane manewry przekładania dziecka z fotelika do gondoli, decyduję się na spędzanie czasu z dzieckiem w centrum handlowym.

W ogromnym, rozpustnie zaprojektowanym gmachu jest wszystko: pokój do karmienia i przewijania, windy, zaciszne kawiarnie, kolorowe wystawy. Są też ludzie. W porze przedpołudniowej centra handlowe kolonizowane są przez matki niemowląt, w gondolach i w fotelikach powpinanych w masywne stelaże drogich dziecięcych wózków. Mijamy się z nieufnością, uciekając wzrokiem w bok. Rozbijanie się po takich miejscach to taki trochę macierzyński grzech. Maleńkie dzieci w klimatyzowanych wnętrzach łapią wiele groźnych chorób, a nadmiar kolorowych i głośnych bodźców sprawia, że robią się nerwowe, płaczliwe. Można przeczytać o tym w gazetach i na internetowych forach. Ten ktoś, kto napisał, że centra handlowe są szkodliwe dla niemowląt, z pewnością nie był w żadnym centrum w porze przedpołudniowej. Jest cicho, a jeśli z głośników sączy się jakikolwiek muzak, to jest on nienachalny i kojący. Te z dzieci, które mogą już przebywać w wózkach w pozycji półleżącej i siedzącej, rozglądają się ciekawsko na boki. Inne śpią, posapując. Śpią nawet wtedy, kiedy matka przysiada na kawiarnianym krześle, zamawia kawę mleczną i zastyga, pochylona nad tabletem albo komórką. Matki nie odzywają się do siebie, a jeśli rozmawiają, to z umówioną wcześniej koleżanką, raczej cicho, by nie obudzić dzieci. Można by uznać, że wszystko w tych radosnych, świetlistych przestrzeniach jest dla młodych matek wymyślone. Centrum handlowe daje młodym matkom przyjazną namiastkę kontaktu ze światem, bez konieczności składania deklaracji, bez brania na siebie zobowiązań, bez przyjmowania stanowiska i przymusu wyrażania opinii.

Wiosna przychodzi, kiedy jestem w centrum handlowym. Na parkingu pod naszym blokiem wciąż jeszcze leżą hałdy brudnego, skamieniałego śniegu. Zauważam wiosnę wieczorem, tuż po tym, kiedy syn zasypia, a na dworze jest jeszcze niezupełnie ciemno. Uchylam brudne po zimie połaciowe okno w naszym niedużym salonie z aneksem kuchennym. Do dusznego mieszkania wpada powietrze: jest zimne, ale nie nieprzyjemne, da się w nim wyczuć nutę

ożywczej wilgoci, jakiś obudzony mech, cień zapachu roz-
pulchnionej ziemi przemieszany z cieniem zapachu palo-
nych po zimie podgniłych liści. Niebo ma kolor zimnego
błękitu, a niżej, tuż nad linią drzew i zabudowań, wpada
w fiolet – od różowawej łuny miejskich świateł. Staję na
krześle i wysuwam głowę przez dachowy świetlik. Widzę
dach pobliskiej szkoły i rozżarzoną poświatę nieodległego
stadionu. Linie dachów krzyżują się z gałęziami drzew.
Gałęzie są czarne, pionowe, bezczelne. Na tle fioletowej
łuny są jak świeże, wypukłe jeszcze, kontrastowe tatuaże.
Bezwstydnie rzucają wyzwanie wymęczonemu miastu, jakby rozsadzały od środka ten mój mały, kamienny krąg kosz-
townej dzielnicy tuż za rzeką.

Wilgotne powietrze wdziera mi się we włosy, w roz-
grzane miejsca za uszami, czuję je na szyi. Jest to uczucie
nieomal seksualne, to samo, które we wszystkie przedwio-
senne wieczory, kiedy marznąc w ręce wbite w kieszeń
wojskowej kurtki, siedziałam na oparciach ławek z chłop-
cami, kiedy ta omszała, zwiastująca wiosnę wilgoć ośmie-
lała mnie do pocałunków i ukradkowych uścisków.
Wszystkie wczesne noce, kiedy biegłam do domu przez
osiedle, z jakiejś randki za garażami, gdzie piłam idiotycznie zimne herbowe czy dębowe z jednej puszki z Mariu-
szem albo Grześkiem – ta wilgoć doganiała mnie, oblepia-
ła przyjemnie, osiadała na powiekach i palcach. I teraz

czuję ją na powiekach, na palcach, którymi trzymam się kurczowo framugi połaciowego okna, nieumytego jeszcze po zimie.

Setniczak pomylił się o osiem tygodni: mieszanka zapisanych przez niego leków przywraca mi system zaledwie po czterech.

Drogeria R.

Stoję przed nieskończenie długim regałem z szamponami do włosów. Biało-czerwona identyfikacja wizualna niemieckiej – o ironio – sieci jest równie sterylna, jak jej natrętnie powielane wnętrze. Na każdym rogu i w każdej dzielnicy. Mekka młodych matek. Szampony zazwyczaj są przy samych kasach. Słyszę, jak dwie młode kasjerki gawędzą z ochroniarzem.

– No i po prostu tak wyszła, z tym wózkiem. Jakiś facet nawet jej drzwi potrzymał. Jacek już leciał, ale ta jak dała w długą!

– I wózek taki całkiem drogi miała. Dobrze ubrana, dziecko czyste.

– Kto by pomyślał.

– Za osiemdziesiąt prawie nakradła.

– Ma pani kartę Rossnę?

Szampon do włosów przetłuszczających się, przesuszających, przesuszających u dołu, a tłustych u góry, do włosów wypadających. Szampon wygładzający i szampon podnoszący. Szampon dla blondynek, brunetek, rudych. Spora żółta tubka ląduje w koszyku ustawionym na budzie wózka spacerówki. Syn, przodem do świata, do drogeryjnych półek, wyciąga ręce w ich stronę, w stronę rozmigotanych, intensywnych kolorów i kształtów.

Przodem do świata, tyłem do świata. Nosidło skandynawskie, w którym dziecko zwisa jak medal, jak ustrzelony królik, czy chusta, miękka, tkana, implikująca zainteresowanie New Age i medycyną naturalną?

Mleko A czy mleko B? Dlaczego nie pierś? Stałe posiłki w formie rozmiękczonej papki, czy twarde, spore kawałki, które niemowlak memle w wysokim krześle, brudząc przy okazji wszystko w promieniu metra? Wychowawczy czy praca po skróconym macierzyńskim? Żłobek czy niania? Babcia? Tacierzyński? Własna firma o dadaistycznej, infantylnej nazwie? Lena czy Pola? Sława czy Chwała?

„Wybierz to, co najlepsze dla Twojej rodziny".

Któregoś dnia spotykam znajomą, kiedy wychodzę z metra przy uniwersytecie. Jestem po spotkaniu w agencji, a w torbie zamiast smoczków i słoika mam teczkę z dopiero co podpisaną umową na montaż kolejnych filmików o zdrowym żywieniu kociąt. Taka strzelista jestem, szybka, jakby nie ja. Jakbym podpisała kontrakt na oskarowy film, na niezwykle ważną książkę, na skomponowanie symfonii, a nie na idiotyczne spoty za pieniądze niższe niż krajowa średnia.

Tymczasem Alina jest tutaj z dwuletnim synkiem, który siedzi na chodniku i przeraźliwie płacze. Przystaję zmartwiona, gotowa do pomocy.

– Kajtuś, idziemy do babci? Może na lody po drodze? Albo soku chcesz? Kajtuś? – pyta pochylona nad dzieckiem znajoma, a w jej głosie, pozornie spokojnym i wytrenowanym na książkach Juula, Faber i Mazlish da się wyczuć cień piskliwej desperacji.

– Nieee!!! – krzyczy Kajtuś.

– A może zadzwonimy do taty? Może pojedziemy metrem jeszcze raz?

– Nieee!!!

– Kajtuś, tylko powiedz, co chcesz!

Stoję z boku, z rękoma wyciągniętymi w przyjaznym geście i nagle dociera do mnie: „Wybierz to, co najlepsze dla Twojej rodziny".

Kajtek, w pułapce propozycji, w wolnorynkowym zalewie możliwości, w miejscu ruchliwym i pasjonującym – strajkuje. Tak doskonale go rozumiem! Ja też nie chcę wybierać. Niech ktoś to zrobi za mnie, niech zaniesie mnie płaczącą i wierzgającą do domu, przykryje kołdrą i przyniesie kakao, uwalniając od ciężaru potencjalnych konsekwencji. Teraz. Nie chcę brać na siebie żadnej odpowiedzialności.

Prywatna czy publiczna? Autem czy pociągiem? Basen czy boisko, plac zabaw czy kawiarnia? Mówią, że dzieciom należy dawać wybór, że budują wówczas swoją autonomię. Co robić, kiedy wybór jest tak wielki, zagadnienia tak absorbujące i zmultiplikowane? Alina gdzieś w środku też ma dosyć tego ciężaru, tej żelaznej kuli świadomości: każda z decyzji może zaważyć o życiu, nieżyciu bądź życiu takim sobie. Niech Kajetan decyduje.

Podchodzę bliżej, do chłopca i do Aliny. Dotykam jej ramienia.

– Idziemy – mówię do niej.

– Idziemy – powtarzam, a w głosie rośnie mi pewność, że wiem, dokąd idziemy, że naprawdę to wiem i wszystkim się zajmę, chociaż absolutnie, ale to absolutnie nie mam o tym pojęcia.

Alina wyciąga rękę do chłopca, którą ten wcześniej w gniewie uderzał i odpychał. Mały łapie dłoń matki. Ja prowadzę Alinę, chłopiec ufnie idzie z nami. Idziemy.

(Oczywiście ta sztuczka nigdy nie udaje mi się z własnymi dziećmi).

Miłość
jak każda inna

Miałam w swoim życiu wiele przyjaciółek, które znienacka znikały. W jednej chwili upajałyśmy się naszym zielono--fioletowym, dziewczyńskim światłem, chichocząc i bezlitośnie wytykając głupiemu światu jego wady. Nie ma na świecie nic bardziej groźnego i rozwibrowanego niż dziewczyńska szajka. Nic nie promieniuje taką pierwotną i jednocześnie niszczycielską energią, jak dziewczyny zbite w wieloręki i wielogłowy twór, mieszankę seksualności, pędu, ciekawości i irytującego chichotu. Ale przyjaciółki znienacka znikały. Przestawały odbierać telefony i odpisywać na wiadomości. W ich życiu pojawiał się jakiś chłopiec, który chciał upić z ich kubeczka. Dziewczyny pojawiały się wprawdzie z rzadka na umówionych spotkaniach, ale bywały podczas nich nieobecne, trochę jakby wyssane z kolorów, z przeszklonymi oczami, trochę kukiełki, trochę kanapowe nimfy. Uśmiechały się łagodnie, miętoląc w spoconych dłoniach komórki, na których co jakiś czas pojawiał się komunikat wiadomości przychodzącej. Rytuał przejścia od wielogodzinnych rozkmin i narad nad każdym znakiem przestankowym w otrzymanym od chłopca esemesie do dwuosobowej, nastoletniej intymności już nastąpił, nastąpił poza moją świadomością. One już nie były swoje, były czyjeś. Opętane i gotowe na wszystko. Zaczynały mówić o nich, o swoich chłopcach czule i z zachwytem. Że pojechał, a na obozie przepłynął. Że wypił bez popitki. Oczy im okrąglały, policzki płonęły. Po chwili milkły zawstydzone, gromione sztyletami w spojrzeniach koleżanek, nieszczęśnic jeszcze nieprzypisanych. Ale one już nie chciały się podśmiewać i trząść światem w posadach. Czasem po kłótni, bójce czy domniemanej zdradzie przybiegały zapłakane, było jak dawniej, piłyśmy wino fresco, płacząc i rechocąc bez umiaru, jednak był to tylko cień przeszłości, mgnienie, bowiem ich życie było już przycięte, już zeszlifowane. Pokrzepione przyjaciółkową radosną magmą lgnęły na powrót do swoich magnetycznych Bartków i Marków jak żelazne opiłki. Planowały walentynkowe niespodzianki, na przykład szlak w kształcie serca ułożony z herbacianych podgrzewaczy, prowadzący do sypialni rodziców, którzy wyjechali na wakacje do Hurgady. Nagrywały składanki z utworami Perfectu i Anity Lipnickiej, z czułym folkiem w wykonaniu zespołu Beirut albo ścieżką dźwiękową autorstwa Iana Tiersena do filmu *Amelia*. Oszczędzały na firmowy tiszert dla Sebastiana, gotowały spaghetti, chcąc uśpione przedmieście albo blokowisko zamienić w scenerię komedii romantycznej. Kupowały Mateuszowi piwo, Jacek dostawał męski naszyjnik z imieniem wybranki, a Kamil obdarzany był regularnym, acz niewprawnym jeszcze seksem oralnym.

W pewnym sensie podziwiałam ich całkowitą kapitulację. Widziałam, jak znikają, jak pochłania je bezbrzeżna, zachłanna potrzeba uczucia, potrzeba bycia wybraną, potrzebną, bycia Niunią, Kotkiem, Słoneczkiem, Cipcią. Moje miłości były poszarpane i okropne. Im bardziej obsesyjnie zajmował mnie jakiś chłopiec, tym byłam dla niego złośliwsza, okrutniejsza, tym ostentacyjniej łypałam na innych, tym chętniej przyjmowałam inne hołdy i honory. Ten, którego w młodości uwielbiałam najbardziej, przez którego nie jadłam i omal co nie zdałam matury, obrywał najmocniej, i co całkiem logiczne, szybko zrezygnował z bycia moim chłopcem. Nie umiałam, tak jak Kaśka, jak Zuzanna i jak Ewka, wejść prosto w moją dziewczęcą powinność kochania chłopca. Kiedy poznałam mojego męża, wciąż nie umiałam. Nie umiałam być czuła, nawet zaplanowaną urodzinową kolację rzucałam na stół z krzywym półuśmieszkiem, ciągle wstawałam od stołu, rzucając w przestrzeń zabawne moim zdaniem szpile i afronty. Mojemu mężowi wciąż było mało, uznał, że wydobędzie niczym górnik ten deficytowy towar, to złoże miłości, które, jak twierdził, tkwiło we mnie gdzieś głęboko i lśniło czystym fosforyzującym światłem.

Nie przeobraziłam się w rozpędzony kombajn uczucia. Przychodziło stopniowo. Kilka lat po ślubie osiągnęliśmy konsensus, gdy w końcu mąż uznał moje sposoby na okazywanie pozytywnych emocji. Kupno piżamy, posprzątanie podłogi, umówienie do lekarza. Moja mało wyrafinowana droga do powiedzenia: „Pamiętam o tobie". Wciąż lubię kupować mu czekoladki. Wciąż jestem nieporadna i sztywna, kiedy domaga się czułości.

Najbardziej lubię opowiadać o nim, kiedy nie słyszy. Wtedy przypominam sobie, jak bardzo jest ważny, potrzebny, mój.

Tymczasem kiedy pojawia się dziecko, kłócimy się prawie codziennie. Przypominam sobie zaległe krzywdy. Początkowo mogę się wytłumaczyć depresją poporodową, ale kiedy leki zaczynają działać w sposób ewidentny i oczywisty, na tyle, że zaczynam wchodzić z radością w przedciążową odzież i regularnie uczęszczam na fitness, wtedy przestaję już być tą biedną i chorą, a zaczynam być podła i złośliwa. Z rozmysłem.

Liczba przykrych wymian zdań zaczyna być liczona w dziesiątkach i setkach. Ze zdumieniem odkrywam w sobie coś, co przypomina jazdę po koleinie, wyżłobionej przez moje protoplastki. Zamawiam w internecie ogromną ilość książek na temat kwestii kobiecych, czytam je z pasją podczas niekończących się spacerów, układając tom na daszku spacerówki, zaś w domu niepostrzeżenie przejmuję większość obowiązków. Kiedy syn ma sześć miesięcy, pracujemy już oboje, ja robię to w domu, jak dziecko zaśnie. Wkład finansowy w gospodarstwo domowe wyrównuje się, jednak nie wyrównuje się proporcja pracy domowej, której współczynnik przy dziecku wzrasta lawinowo. Przede wszystkim sprzątam. Gotuję. Wywieszam i ściągam pranie. Składam je w kostkę i układam w szafie. Zmywam. Szoruję toaletę. Obieram marchew. Wyciągam śmieci spod zlewu. Płuczę blender po kolejnej nieudanej próbie wmuszenia w dziecko warzyw. Mąż zaś wraca coraz później z pracy, dyskretnie ustępując pola mojemu rozpędzeniu.

Jak to się stało? Ano tak, że wszystkie te nużące obowiązki wykonuję lepiej, szybciej, wiem jak. Przy dziecku też wiem lepiej. Wspomagana farmakologią przestaję odczuwać zmęczenie na bieżąco, a wylewam je przy okazji kłótni. Czuję, jak w moich żyłach płynie kawa i brunatny strumień potu i łoju, pracy mojej matki, mojej babki i prababki – gorzka żółć, stary tłuszcz z setek nasmażonych kotletów i zrazików. Zachrypnięty głos moich palących przodkiń, który słyszę w głowie, pcha mnie na granice fizycznej wytrzymałości. Dzień w upale, z dzieckiem w wózku, bezlitosny dla resztek ciążowego tłuszczu, dwunastokilometrowy spacer, trzy torby zakupów, kąpanie wierzgającego ciałka, mocowanie się z małym siłaczem przy usypianiu, potem sprzątanie, sprzątanie, sprzątanie, a o dwudziestej drugiej dwadzieścia komputer i montowanie filmów reklamowych dla producenta kociej karmy.

Jak to się stało? To dziedzictwo jest moim przekleństwem, moją obsesją. Czytam *Mistykę kobiecości*, równocześnie zapierając dekolty wysmarowanych marchwią kaftaników. Wchłaniam *Reakcję* i pocę się podczas wieczornych ćwiczeń na płaski brzuch i mięśnie przykręgosłupowe. Kręcę z niedowierzaniem głową przy dziełach Badinter i staję się najbardziej uporczywym żołnierzem armii Domestosa i Ace podczas skrobania kamienia na szybie wiecznie zapaskudzonego brodzika prysznicowego.

Jak to się stało? Stoję jak rozjuszony niedźwiedź nad mężem, który z niezmąconym spokojem i w ciszy spożywa ulepione przeze mnie pierogi ruskie z cebulką. Mam rozszerzone nozdrza i zaczynam gniewnie dyszeć. To już ten moment, kiedy odgłosy przeżuwania w wykonaniu ukochanej osoby przyprawiają o gęsią skórę na karku, a szczęk sztućców − stawia dęba włoski na przedramionach.

– Jest dwudziesta druga. Dlaczego jesteś tak późno – syczę, chociaż pięć minut wcześniej postawiłam przed nim talerz z pierogami.

Ostatnie zdanie nie zawiera w sobie intonacji pytającej. Bo wiem dlaczego – usypianie dziecka zajmuje ostatnio półtorej godziny, zaś średnia pora powrotów męża plasuje się mniej więcej około kwadransa po zaśnięciu potomka.

– Musiałem coś skończyć – mówi, a ja wiem już, że chciałby skończyć i teraz.

– Co skończyć. – Tutaj również brakuje adekwatnej intonacji.

Mój głos jest sztywny, monotonny, przerażający. Zaczynam zrzędzić, mając świadomość, że na miejscu męża wyłączyłabym się przy pierwszym zdaniu.

– Może nie kładź go w dzień? – przerywa mi po mniej więcej minucie moich androidalnych, ale coraz głośniejszych wyrzekań o wieczornych zapasach z krzepkim niemowlęciem.

– „Nie kładź go w dzień"? Ja się, kurwa, pytam, jak mam go nie kłaść w dzień. Te czterdzieści minut między dwunastą a dwunastą czterdzieści jest jedynym momentem, kiedy mogę się umyć! Wypić coś, zjeść. Ty masz na to cały jebany dzień. Śniadanko, drugie śniadanko, obiadzik w knajpie, a teraz kolacyjka, kurwa jego mać.

Mąż powoli odsuwa na wpół opróżniony talerz. Patrzy

na mnie ze wściekłością i wiem, że chętnie wyplułby ten na wpół przeżuty pieróg z powrotem na talerz.

Jeżeliby to zrobił – myślę – jeżeliby to zrobił, to jebnęłabym tym talerzem o ścianę.

Jeżeli ona jebnie tym talerzem o ścianę, to przewrócę krzesło i wybiegnę na szluga – myśli mój mąż, widząc mój nieestetyczny, czerwonawy, płaczliwy gniew. Stoję z podpartym biodrem, stoję nad nim, drugą ręką oparta o stół. Ciasny stanik wrzyna się w moje ciało, nieestetycznie odznaczając się pod obcisłą koszulką, dzieląc moje mocne i twarde niegdyś plecy na obłe, kluskowate segmenty, z których jeden osiada leniwie nad paskiem spodni, na biodrach.

Jeżeli on spróbuje wybiec na szluga, to przytrzymam go za kaptur bluzy i zacznę naprawdę z wielką wściekłością mówić, mówić prosto przed jego twarzą – myślę. – Będę mówić, ba, krzyczeć, z naprawdę wielką wściekłością i powiedziałabym, że niechęcią, ale przecież wszyscy wiemy, że chodzi o nienawiść. Tak nienawidzić potrafi tylko ktoś pierdolnięty, ktoś, kto ciągle nie dostaje, kto nie słyszy, kogo nie ma, kto ściera się na pył każdego dnia. – Tak właśnie myślę ja.

Jeżeli ona zacznie, trzymając mnie za kaptur i próbując powstrzymać przed wyjściem z domu na papierosa – myśli wtedy mój mąż, a ja wpatruję się stalowym wzrokiem w jego niechlujny, parodniowy zarost i jajeczną plamę na koszuli. – Jeżeli ona wtedy zacznie trzynaście centymetrów przed moją twarzą, ze zmrużonymi oczami i wykrzywioną gębą syczeć mi, jak bardzo ona jest zmęczona i jak bardzo ja nic nie robię, to przyrzekam, wepchnę ją do łazienki i przytrzymam drzwi krzesłem, dopóki się nie uspokoi – tak myśli mój mąż.

Naprawdę, rozwiodłabym się z tobą – myślę wtedy ja. Rozwiodła bez wahania, gdyby kosztowało mnie to tylko spakowanie torby i wyjście z domu, a nie oznaczałoby od kilku miesięcy do kilku lat walk i bitew, rodzinnych ośrodków konsultacyjno-diagnostycznych, sądów i poradni. Byłam już duża, kiedy moi rodzice rozwodzili się pięć lat, a i tak do tej pory mają do siebie pretensje o pieniądze i władzę, której każdemu z nich było na tamtą chwilę za mało.

Taka hipotetyczna kłótnia – no bo przecież nie kłócimy się naprawdę! tak kłóci się tylko patologia, ha, ha, ha! – ta właśnie kłótnia jeszcze przez jakiś czas odbiera nam siły, padamy strudzeni frustracją i znojem prób wzajemnego zrozumienia.

Mąż nie rozumie, dlaczego nie umiem zwyczajnie, miło, między pierogowymi kęsami, powiedzieć mu: „Proszę, wracaj wcześniej do domu".

Ja zaś nie umiem pojąć, dlaczego „wracaj wcześniej do domu" ma być jakąś wyjątkową sytuacją, w której wyjątkowo i w dodatku, kurwa, jeszcze miło go o to proszę, składam coś w rodzaju podania o zwolnienie warunkowe, o akt łaski. Dlaczego, gdy go nie upominam i nie wydzwaniam natrętnie od 16.47 do 19.03, to nie opuszcza on siedziby swojej firmy? Dlaczego nie może zrozumieć, że nienawidzę czuć się jak natręt i zrzęda, dlaczego nie może po prostu wkodować sobie, że ja tutaj wcale nie unoszę się w pachnącym bezwładzie i słodkim nieróbstwie. „Wracaj wcześniej do domu" implikuje istnienie wracania „normalnie" albo – o zgrozo – „później". Dlaczego, kiedy skwapliwie nie nadzoruję, nie rozliczam, nie zarządzam naszym wspólnym czasem, dochodzi do sytuacji, w której budzę się nad ranem, skaczą po mnie koty, potomstwo, a sama przywalona jestem stosem śmieci mokrych, odpadami „inne", zaś mój mąż po drugiej stronie słuchawki telefonu komórkowego głosem ośmioletniego chłopca, który spóźnił się z podwórka na obiad, informuje mnie, że zasiedział się przy („przecież wiesz, jak nie znoszę rozliczeń") fakturach. I to nie tak, że mąż jest jakimś lewusem, jakąś ojcowską fleją, która nigdy nie zmieniła pieluchy, a mleko modyfikowane rozrabia z łaciatym. On jak skandynawski, nie tylko z umaszczenia, tatulek od początku przewijał i pieścił dziecko, podawał panadol, jedną ręką rozrabiał mleko, a drugą podcierał dupsko. Nie, on wie, on jest z tych Nowych Ojców, którzy nie wstydzą się wyskoczyć na zakupy w chuście do noszenia dziecka, przychodzi mu to naturalnie i z wdziękiem. Dumny jest z syna i jest nim zachwycony, bawi się i podziwia.

Zatem dlaczego, dlaczego nie pozwalam mu na więcej, dlaczego kontroluję? Ktoś mówi mi, a może gdzieś czytam, że w naszej sytuacji niegłupie byłoby zatrudnienie niani. Mogłabym pracować w dzień, niania brałaby dziecko na spacer, mogłabym posprzątać, ogarnąć się, może powinnam poluzować pośladki, przestać zgrywać heroinę, przestać sępić pieniądze, dać sobie pomóc. Początkowo jestem zła, że to jednak nie mąż przejmuje obowiązki dziecięce, bym mogła się trochę odmamić. Zmieniam zdanie, gdy polecona przez znajomych kobieta po pięćdziesiątce okazuje się schludną, zmywającą po sobie i dziecku, przecierającą od czasu do czasu blaty, przyzwoitą panią. Zdaję się mieć niebywałe szczęście, bo koleżanki opowiadają o byłych nianiach niestworzone historie. Jak damy dworu, szlachcianki, zniesmaczone podłym charakterem swojej służby, narzekają, że tym babom marzą się płatne urlopy, nie rozliczają się z zakupowej reszty, a na Gwiazdkę kupiły dziecku plastikowy tani pociąg („przecież może się nim zadławić"). Jeszcze inną kategorią sensacyjnego demonizowania opieki pozamatczynej są rozgorączkowujące co jakiś czas internet skandaliczne doniesienia:

„Niania spoliczkowała dziecko!".

„Niania pali papierosy przy dziecku!".

„Niania zostawiła dziecko pod sklepem, spokojnie wybierając szynkę w mięsnym".

Na zdjęciach ilustrujących materiał najczęściej widać kobietę w średnim wieku obok wózka, pochyloną nad wózkiem, czasem tylko sam wózek znajduje się w kadrze. Rzadko, jeśli w ogóle, widać s k a n d a l i c z n e zachowanie, które opiekunkę mogłoby zaprowadzić na prokuratorski szafot. Z oczywistych względów agresywne myśli wędrują na początku w stronę oskarżanej piastunki, ale niemal zawsze, niemal w każdym przypadku wystarczy sekunda, by przestroić niechęć i oburzenie w stronę nieobecnej matki, która tak nieodpowiedzialnie, pod byle jakim okiem pozostawiła własne dziecko. Za każdym razem, kiedy dziecku dzieje się krzywda lub wypadek, całkowitą odpowiedzialność ponoszą rodzice, rozumiani jako matki. Nawet ten facet, który zostawił w samochodzie dziecko na odsłoniętym parkingu, ten ojciec, który zapomniał zjechać do przedszkola i poszedł jak robot do pracy, a malec uprażył się i zmarł z przegrzania, ten ojciec, zrozpaczony mężczyzna przytłoczony codzienną rutyną – a gdyby był matką; a gdyby to była matka, toby tego nie zrobiła, a jakby zrobiła, jaką matką by była; gdzie jest matka? Gdzie była matka? Mielę w sobie mantrę „gdzie matka", nim decyduję się w końcu na zatrudnienie pani Kasi.

Jestem z pani Kasi zadowolona i syn też jest z niej zadowolony. Uspokaja go donośna, zachrypnięta i dziarska narracja opiekunki. Pani Kasia nieustannie peroruje. Słucham jej, kiwając głową, co jakiś czas wtrącając:

– Pani Kasiu, to bardzo ciekawe, ale muszę popracować.

Pani Kasia milknie na dwie minuty. Po dwóch minutach zaczyna:

– Pani Lucynko. Pani to ma szczęście z tym mężem. Wie pani, on nawet nie mówi o pani „żona". Mój były mąż... – Głos jej chrypnie na chwilę, z pasji, przekłada synka z biodra na biodro, podczas gdy ja usiłuję bezskutecznie odblokować zadławiony program do edycji filmów. – Mój były mąż mówił o mnie „żona", „ŻONA", w taki sposób, to Ż, takie gardłowe, głębokie, z pogardą. „Żona pójdzie na wywiadówkę, żona, RZONA". A pan Marek to po imieniu: „Lucyna będzie, Lucyna zadzwoni". Jest pani dla niego ciągle człowiekiem, a nie już tylko RZONĄ. No i sprząta, i tak fajnie tym małym się zajmuje. Nunu, tatuś z niego jest fajny, co nie, chłopczyku, co nie? Baranku?

Życiowa niania z dzielnicy G., przedwcześnie emerytowana nauczycielka. Koi mnie nieustające skrzypienie jej niskiego, przepalonego głosu, umie zabawić dziecko, by nie przyklejało się do klawiszy domowego komputera, a ja po jakimś czasie pozwalam sobie w jej obecności na prysznic i kilkunastominutowe wycieczki po internecie. Kłótnie

z mężem słabną, po kilku dniach nieodzywania albo na-
trętnego wracania do „przeproś, przeproś!" – „nie, ty przeproś", wracamy do niepamięci, do grupowej, rodzinnej nie-
świadomości, do życia z dnia na dzień. Nie jest to oczywiście
powrót do normy, bo norma dopiero się formuje, nie ma
powrotu, nie ma już powrotu do wcześniej.

Obywatelska
Straż Rodzicielska

Ten jeden jedyny raz dopuszczam się antyspołecznego czynu zaparkowania na kopercie dla niepełnosprawnych, kiedy mój półtoraroczny syn niespodziewanie dostaje czterdziestu stopni gorączki, a ja nie mam w domu panadolu dla dzieci. Jest sobotnie popołudnie, wiosna zaskakuje duchotą, w popłochu kręcę się pod apteką. Wszystkie miejsca są zajęte. W domu mąż trzyma na rękach omdlewającego malca i dzwoni do mnie co dziesięć minut. Z telefonem przy uchu, uspokajając panikującego ojca, zauważam, że z koperty przed samą apteką wyjeżdża z piskiem citroen c4. Wbijam się na jego miejsce i szybko biegnę do drzwi sklepu.

Po dwudziestu minutach nie zastaję pod apteką turkusowej, podlazłej rdzą fiesty. Na kopercie stoi kto inny, nie zauważam za szybą plakietki z piktogramem. Biegnę do domu kilometr, z paracetamolem w ręku.

Dziecku gorączka spada po godzinie, zaś o dwudziestej radosny niczym szczygiełek synek odmawia pójścia spać. Postanawiam odzyskać samochód jeszcze tego samego dnia.

Jadę autobusem do siedziby straży miejskiej. Na szarzejącym wieczornym niebie zbierają się gęste chmury. Na Kobielskiej, w małym pokoiku, w którym urzędnicy rozprawiają się z drobnymi aktami obywatelskiego nieposłuszeństwa, siedzi szczupła kobieta w średnim wieku.

– Koperta? Hę? Wie pani, że to jest osiemset złotych plus odholowanie?

– Odholowanie ile?

– Czterysta osiemdziesiąt pięć.

W gardle formuje się włochata gula poczucia winy i niesprawiedliwości z tytułu ponoszonej kary.

– Proszę pani. Ja zapłacę. Ja naprawdę nigdy nie staję na kopercie. Ci wszyscy pod marketami, w drogich autach sportowych, rozwaleni na miejscach dla niepełnosprawnych... wie pani. Ja chcę im rysować karoserie. Ja dzisiaj z nerwów, z pośpiechu. Dziecko zagorączkowało i chciałam jak najszybciej...

– Niech mi pani tu nie ściemnia! – urzędniczka podnosi głos, a mnie zbiera się na płacz, jak w szkole. – Nóż mi się w kieszeni otwiera jak tego słucham! Jeszcze zaraz będzie płakać! Rychło w czas!

Próbuję utrzymać normalny ton głosu, ale lecące po policzkach łzy sprawiają, że próby składania wyjaśnień zaczynają brzmieć płaczliwie i irytująco.

– Naprawdę... nigdy... ja... była kolejka... dziecko z bostonką, ja...

– PROSZĘ PANI, JA MAM DZIECKO NIEPEŁNOSPRAWNE I NIE MUSZĘ TEGO SŁUCHAĆ! – krzyczy strażniczka. – NIEPEŁNOSPRAWNOŚĆ SPRZĘŻONA, SPASTYCZNOŚĆ KOŃCZYN, WARZYWO!

Nie umiem powstrzymać szlochu, mamroczę: „Przykro mi", kulę się w krześle.

– I powinno pani być przykro. I powinno – odparowuje urzędniczka.

– Co to za matka, która nie ma w domu paracetamolu! – Teraz szlochają mi tylko ramiona, wzrok mam wbity w skrawek pilśniowego biurka.

Chcę przyjąć mandat, nawet kosztem wzięcia chwilówki, zaproponować swój jeden procent do końca życia, niech już tylko nie krzyczy, tak strasznie mi przykro i wstyd.

Strażniczka pochyla się nad biurkiem i podsuwa mi pod nos czystą kartkę. Atak słusznego gniewu wyraźnie ustąpił.

– Pani pisze wyjaśnienia.

– Jakie wyjaśnienia? – pytam. – Jakie wyjaśnienia? Co tu wyjaśniać, popełniłam wykroczenie, zachowałam się aspołecznie, beznadziejnie, tak wstyd, taki wstyd.

– Naprawdę chce pani płacić? To jest tysiąc. Dwieście. Osiemdziesiąt. Pięć. Złotych. – Urzędniczka dobitnie akcentuje każdą z liczb.

– Tyle kosztował ten mój samochód – wymyka mi się w końcu. – Ale nie rozumiem, jakie wyjaśnienia mam złożyć, co mam tu napisać?

– Musi pani kłamać, KŁAMAĆ – syczy w moją stronę strażniczka miejska. – PRZECIEŻ ODWOZIŁA PANI NIEPEŁNOSPRAWNĄ CIOCIĘ DO APTEKI, TAK JAK PANI MÓWIŁA PRZEZ TELEFON.

Trochę nie mieści mi się to w głowie, nie mam niepełnosprawnej cioci, o czym informuję urzędniczkę, zapłacę karę, najwyżej nie odbiorę auta, to złom, który za miesiąc i tak nie przejdzie przeglądu.

– Pani jest nienormalna, zupełnie. – Urzędniczka nie kryje niesmaku. – No dobrze, zrobimy inaczej. Pani pisze. Data, Warszawa. Proszę o dobrowolne poddanie się karze poprzez... poprzez... poprzez wolontarystyczne wsparcie projektu Wydziału... z dużych... Wydziału... Opieki Społecznej Urzędu Miasta Stołecznego Warszawy... cudzysłów... Ochotnicza Straż Rodzicielska... koniec cudzysłowu. Ekwiwalent... nadąża pani?... ekwiwalent mandatu za wykroczenie z artykułu dziewięćdziesiątego drugiego paragraf pierwszy z Kodeksu wykroczeń... Kodeksu z DUŻYCH...

Dociskam mocno długopis do pilśniowego podłoża, piszę kompletnie niewyraźnie. Po chwili zaczyna boleć mnie prawa ręka, robi się spocona i sina od tuszu.

— Kodeksu wykroczeń... ma pani?... o wartości ośmiuset złotych zero groszy to sto sześćdziesiąt roboczogodzin wsparcia inwigilacyjnego Ochotniczej Straży Rodzicielskiej.

Zatrzymuję się na chwilę, masując dłoń.

— Co to jest Ochotnicza Straż Rodzicielska? Co mam robić?

— Wie pani, wymyślili coś takiego, wszystko przez te nowe zasiłki, te pięćset złotych dla każdego. Nie mają na to pieniędzy i w samorządach kazali zrobić monitoring rodzicielski. Nie wszyscy są porejestrowani w MOPS-ach, tak że oni — strażniczka z mieszaniną respektu, obrzydzenia i lekkiego przestrachu zerka w stronę drzwi. — Tak że oni... oni liczą na innych rodziców. Teraz sąsiad donosi na sąsiada. Że pod blokiem palił, a ma małe dzieci. Że małe bez czapeczki w marcu albo że ze szczepieniami się spóźnia. Że podręcznik zgubiło, a nowego starzy nie kupili, albo że brudny po podwórku biega.

Czyli mam donosić. Mam chodzić za innymi matkami,

za ojcami i szukać pretekstu, mam robić to z polecenia, za przyzwoleniem i z nakazu władz samorządowych oraz centralnych.

– Nie, ja tego nie podpiszę. – Prostuję się w krześle.

– Proszę pani. – Urzędniczka przybiera oficjalny wyraz twarzy i patrzy mi prosto w oczy. – Pani to podpisze. Ma pani małe dziecko, a takie wykroczenie, jeśli pani przyjmie mandat, ono zostaje w aktach, ciągnie się... – zawiesza głos. – Chodzi pani z tym dzieckiem do parku, do sklepu, to jest piętnaście minut roboty dziennie, tak tylko piszą, że osiem. Wieczorem pani się loguje do serwisu, wgrywa zdjęcie.

– Jakie zdjęcie? – nie dowierzam.

– Zdjęcie, musi pani zrobić zdjęcie nieodpowiedniego zachowania rodzicielskiego, opisuje pani przebieg zdarzenia, godzinę. Potem już weryfikuje to urząd.

– I co później z tymi ludźmi się dzieje?

– Nic złego, odbierają im dyscyplinarnie ten zasiłek, dostają list, do szkoły, przedszkola też idzie list. Na rodziców dobrze to działa, dyscyplinująco.

– I wy wszystkich tych... swoich agentów... współpracowników... – szukam słów. – Wy ich wszystkich macie z łapanki? Jak mnie?

– Tak po prawdzie to większość zgłasza się sama. Jak była rekrutacja, to się telefon urywał! A to jest praca społeczna, nie płacą, albo płacą w bonach do sklepu z zabawkami czy Tesco. Tak naprawdę, to mamy więcej tych agentów niż trzeba, gmina już i tak porządnie przyoszczędziła na tym pięćsecie. Panią wciągam, bo mi pani szkoda. To jak?

Urząd

Podpisuję dokument. Płacę czerysta osiemdziesiąt pięć złotych za odholowanie pojazdu, zaś za darowane osiemset decyduję się przyłączyć do Ochotniczej Straży Rodzicielskiej. Lubię myśleć, że nie mam wyboru, bo jednak dziecko musi jeść, a klienci męża mogą zrezygnować. Osiemset to pół czynszu, to miesięczny budżet spożywczy. (Czy wspominałam już, że nieustannie czekam na zaległe przelewy?).

W poniedziałek zgłaszam się do Wydziału Opieku Społecznej, gdzie na niedużej zalaminowanej kartce dostaję wydrukowany adres strony, składający się z kilkudziesięciu cyfr i kropek, które w okno przeglądarki należy wprowadzić ręcznie. Jest też login i hasło, również skomplikowane i nic nieprzypominające. Kobieta za biurkiem informuje mnie beznamiętnie o konieczności jego zmiany. Każe mi wypełnić formularz, gdzie, jak twierdzi, do celów księgowych, „gdyż chodzi o bony", muszę podać wiek, płeć i imiona dzieci. Zostawiam tę rubrykę pustą. Syn został w domu, z ojcem. Nie przysługuje mi żaden dodatek ani zasiłek, więc ogarnia mnie irracjonalny strach, że jedyne, co mogą mi odebrać, to właśnie on, syn. Strach przed odebraniem dziecka. To takie proste! Mogą po prostu go zabrać. Co wtedy zrobię? Jak się wytłumaczę?

Wracam do domu, mąż wychodzi do firmy. Odprowadzam go na przystanek, pchając przed sobą przebranego w najlepsze ubrania synka. Sama mam na sobie nierzucające się w oczy spodnie na gumce, bawełnianą, szarą koszulkę i adidasy. Pierwszy dzień prac społecznych postanawiam spędzić pod dużym pawilonem handlowym w dzielnicy G.

Budynek z każdej strony jest oblazły i stary. Brutalna, betonowa bryła ma trzy kondygnacje. Balkony na pięterku wsparte są na prostopadłościennych, grubych filarach. Elewacja jest brudna, pełna zacieków, sprejowych napisów i pstrokatych szyldów: LOGOPEDA, DROGERIA, FRYZJER, PAZNOKCIE HYBRYDOWE. Pawilon ma kształt litery U, pomiędzy skrzydłami mieści się prostokątny dziedziniec z betonowym murkiem, pełniącym funkcję rekreacyjną. Na pordzewiałych barierkach pyszni się asortyment handlarzy starzyzną i taniochą. Dookoła obiektu królują eternit i kolorowe daszki namiotów samoskładających, przypadkowych kiosków, przywleczonych skądś przyczep przerobionych na małe gastronomie i szczęk usługowo-handlowych.

Siadam na murku i wyciągam chrupki kukurydziane, by zająć czymś dziecko. Synek zaciekawiony rozgląda się, nie jest zirytowany ani znudzony. Obok mnie skacowany mężczyzna zgniata puszki.

To niesamowite, że wystarczy przejechać trzy przystanki tramwajem, a Polska tak radykalnie zmienia interfejs. Dzielnica, w której mieszkam, jest luksusową wyspą, tutaj zaś mamy po prostu życie. Z brutalnie zaparkowanych pod drogimi restauracjami luksusowych aut w S. trafiam do mekki drobnego handlu, w osiedlowy los, w wydrapanki na ławkach pod blokiem i w kwaśny odór rozlanego piwa. Do pieczołowicie pracującego w odpadach segregowalnych faceta podchodzi szybkim krokiem kobieta o niesamowicie chudym ciele, pozostającym w rażącym kontraście z opuchniętą twarzą. Zaczyna głośno zaczepiać mężczyznę:

– Zostawiłeś Jacka. Znów, kurwa, zostawiłeś Jacka samego. Chuju pierdolony.

Facet nic nie mówi i dalej pieczołowicie zgniata. Z dużego worka na śmieci wyciąga po sztuce, ściska rękoma, pomaga sobie butem i spłaszczony przedmiot przekłada do kraciastej wózkotorby zakupowej.

– Wiesz, gdzie teraz Jacek, kurwa, jest? Wiesz, chuju? – chrypi kobieta. – Nie wiesz, bo chuj cię to obchodzi. Wielki chuj.

Ten aspekt lokalnego kolorytu, stwierdzam, ten aspekt kolorytu prawdziwej Polski i Warszawy, może być jednak nieodpowiedni dla półtorarocznego dziecka. Dyskretnie usuwam się z wózkiem i decyduję na spacer po targowisku.

Kupuję truskawki, sześć pomidorów i botwinę. Nie mam najmniejszej ochoty na gotowanie. Dziś podam dziecku słoik. W budzie z nabiałem kupuję kefir i nie bez szkody dla czystej bluzeczki Witka poję go nim. Lubi kefir.

Spaceruję po nierównych chodnikach dzielnicy P. Wszędzie coś się buduje. Stare, obłupane budynki wyglądają jak zepsute zęby na tle lśniących nowością i kartongipsem elewacji dzikiej deweloperki. Niektóre z nowych bloków mają śmiałe i nowoczesne bryły, ale na tle tego placu budowy, niekończącego się szutrowego parkingu wyglądają przypadkowo i absurdalnie. Za parę lat i tutaj zagoszczą modne klubokawiarnie, miejscy aktywiści i sławiona w promocyjnych ulotkach stolicy młoda energia.

Syn kołysany miarowym turkotem usypia. Rozkładam siedzisko na płask i nakrywam jego tłuste nóżki lekkim, bawełnianym kocykiem. Zaciągam budkę i przyspieszam kroku. Zerkam na wyświetlacz telefonu. Siedemnasta trzydzieści. Chodzę już tutaj bardzo długo, rozglądając się wzrokiem sytej turystki, a tymczasem zapomniałam, po co tutaj przyjechałam.

Kieruję się w stronę osiedla niskich bloków z wielkiej płyty. Między nimi jest cieniście, zielono. Na ławkach siedzi kilka emerytek. Nie ma dzieci, a tym bardziej rodziców. Siadam na pustej ławce i zaczynam grzebać bezmyślne w telefonie, zaś nogą opartą o podnóżek spacerówki przesuwam wózek to w przód, to w tył. Witkowi wypada smoczek i zaczyna zniecierpliwiony kręcić główką w lewo i w prawo. Składam budę i pochylam się nad śpiącym synkiem. Wtykam mu smoczek w gniewnie wyginające się w podkówkę usteczka i poprawiam kocyk. Kiedy podnoszę głowę znad wózka, siedzą już na sąsiedniej ławce.

Dwie młode kobiety. Jedna z wózkiem, gruba, w obcisłej koszulce z napisem PARIS, w legginsach i japonkach, druga szczuplejsza, z papierosem, nerwowa, w żółtych rybaczkach i bluzie adidasa. Ta z wózkiem, takim dla niemowlaków, pancernym i obwieszonym zabawkami, potrząsa nim miarowo. Na jej gładkiej, okrągłej twarzy, której kształt podkreśla ciasno spięty i przytrzymany opaską kucyk, gości wyraz wzburzenia i niesmaku.

Rozmawiają z ożywieniem, jednak grzechoczące zabawki przytroczone do gondoli wprawianej w nieustanny ruch maskują wypowiadane przez nie zdania. Docierają do mnie jedynie strzępki konserwacji. Nie chcę się nachalnie gapić, wzrok mam wlepiony w telefon.

– Całą noc... ryczał, ci mówię...

– Damian był... no napruty, jak chuj.

– Zepsuta pralka... z RWE przyszli.

Ktoś zaczyna odkurzać przy otwartym oknie i przestaję słyszeć cokolwiek. Co jakiś czas zerkam w stronę kobiet i kątem oka zauważam, że chudsza wyciąga z wózkowego kosza puszkę. Jest żółta, półlitrowa, więc domyślam się, że to jakaś ściemniana mikstura piwa i lemoniady. Syk i mlaśnięcie towarzyszące otwieraniu piwa przebijają się przez huk zelmera dobiegający z mieszkania. To mi wystarczy.

– A, daj... – Pulchna ręka podnosi się, sięgając po puszkę. Akurat ruszam z wózkiem w ich stronę. Kadr jest zaskakująco wyraźny.

25 maja 2014, dzielnica P.P., okolice pawilonu G.

godzina 17.48

Dwie kobiety na ławce pod blokiem. W wózku młodsze niemowlę, wyraźnie zadbane. Wózek czysty. Kobiety, w tym prawdopodobnie matka (?), opiekunka (?), palą papierosy i piją piwo w obecności niemowlaka.

* * *

26 maja 2014, dzielnica Ś., okolice stacji metra B.

godzina 14.12

Mężczyzna z umorusanym trzylatkiem. Siedzą na murku przy wejściu do metra od około pół godziny. Dziecko je trzecie lody z pobliskiej budki. Ojciec używa wobec niego sformułowania „łakomy smarkacz", chociaż równocześnie czule się uśmiecha.

* * *

30 maja 2014, dzielnica S., okolice ulicy G.

godzina 9.06

Młoda kobieta z półtorarocznym dzieckiem wypina je z szelek wózka. Dziecko chodzi po chodniku bez butów, kilkakrotnie się przewraca. Matka nie podchodzi do niego, nie pomaga mu wstać, dopiero kiedy mały zaczyna wyraźnie płakać, podnosi go. Nie przytula.

* * *

6 czerwca 2014, okolice dworca P.

godzina 21.14

Młoda para z kilkulatkiem. Młody płacze, chce na ręce, jest zmęczony. Zniecierpliwiony ojciec warczy do matki: „Weź go". Matka odpowiada: „Sam go, kurwa, weź, ja nie mam siły".

Idzie mi nadzwyczaj dobrze, a każdy dzień przynosi coraz więcej raportów. Robię się czujna, uważna na krzywdę maluchów i niekompetencję rodziców. Ten głos, który krytykuje w środku każde z moich rodzicielskich posunięć, pożytkuję w sposób użyteczny, by dokonywać ostrych a potrzebnych ocen. Poczekalnia u lekarza, supermarket, galeria handlowa, autobus. Matki warczące, znudzeni ojcowie, rozwrzeszczane, nieszczęśliwe dzieci.

Jednak pewnego dnia, kiedy z sąsiedniej parkowej ławki obserwuję scenkę pokazowego oblizywania upuszczonego smoczka, łapię na sobie wzrok tej matki. Trudno powiedzieć, co widzę w tych oczach, ale klatka z podnoszącą się kobietą, wyciągającą dydka z ust ulega niespodziewanemu zamrożeniu. Wrażenie jest na tyle intensywne, że dostaję gęsiej skórki. Może to strach? Może znudzenie albo rozpacz? Może po prostu jej oczy są puste, pokazują tunel do wydrążonego wnętrza, do środka składającego się już tylko z powinności i lęku? Kobieta prostuje się powoli, nie spuszczając mnie z oczu. Podaje dzieciakowi smoczek, a ja wciskam telefon z uruchomioną aplikacją Aparat gdzieś między uda a ławkę.

* * *

20 czerwca 2014, dom prywatny, ul. X 6 m. 16
19.07

Kobieta nie pozwala dziecku bawić się otwartym jogurtem. Wyrywa go gwałtownie z jego rąk, sycząc: „Zostaw to, ja pierdolę". Dziecko płacze. Matka odsuwa je zamaszyście znad rozmazanej plamy jedzenia i z furią zaczyna wycierać podłogę do czysta, dziecko, które ma wyraźną ochotę na wesołą zabawę, jest powstrzymywane NOGĄ przed taplaniem się w jogurcie.

* * *

21 czerwca 2014, dom prywatny, ul. X 6 m. 16
13.30

Kłótnia małżeńska z groźbami rozwodowymi w obecności dziecka.

* * *

22 czerwca 2014, przychodnia F., ul. G. 12

Matka zapomina książeczki zdrowia na obowiązkowe szczepienie. Nie pamięta też PESEL-u.

* * *

23 czerwca 2014, dom prywatny, ul. X 6 m. 16

21.13

Kobieta narzeka na portalu społecznościowym. (Zdjęcie – zrzut ekranu, post usunięty).

* * *

24 czerwca 2014, dom prywatny, ul. X 6 m. 16

Matka puszcza półtorarocznemu dziecku bajki przez cztery godziny, karmi go też słodyczami, którymi w międzyczasie się opycha. Dziecko tego dnia jest bez obiadu.

Ostatni tydzień donoszę już tylko na samą siebie, zamieszczając w tajnym miejskim portalu stosowny materiał fotograficzny. Jednak nic się nie dzieje, nikt nie przychodzi, nawet nie dzwonią. Dwa tygodnie po zakończeniu prac społecznych przychodzą do mnie listem poleconym dwie karty upominkowe: do Smyka i Empiku. Na kopercie widnieje pieczątka Wydziału Opieki Społecznej. Następnego dnia jadę do dużej galerii, gdzie młody dostaje nową lśniącą ciężarówkę, a ja kupuję sobie trzy nowości wydawnicze.

Podziwiam cię
za tę decyzję

W drugiej ciąży nie mam zbyt wiele czasu, by spędzać czas w migocących korytarzach galerii. Jestem zajęta ukrywaniem ciąży w nowej pracy. Wymaga to nie lada wysiłków i specjalnych starań: ważny jest dobór garderoby maskujący dodatkowe kilogramy, specyficzny krok i pozycja ciała, ale przede wszystkim nakładanie na siebie dużo większej ilości obowiązków – z poczucia winy. Zaszłam niefortunnie, bez planu, bez stałej umowy, jakieś dwa, trzy tygodnie po tym, jak zostałam przyjęta. Wciąż nie mogę wyjść z podziwu nad samą sobą, prawdziwy majtersztyk roszczeniowości i krętactwa, o którym tak chętnie piszą nawet prospołecznie zorientowane tygodniki opinii. Matki na zasiłku. Matki kombinatorki. Matki „biznesłumen" spod MOPS-u.

W kulturowym spadku nie dostaję dóbr materialnych, tylko etos studenckich strajków, piosenek Kaczmarskiego i Solidarności, zatem przepełniona wstydem, że oto zawiodłam pracodawcę i polskie społeczeństwo, pracuję ciężko, również w weekendy prawie do samego rozwiązania. Chcę w domu dwójki dzieci, to bardzo dziwne, zważywszy, że wśród znajomych uchodzę za wyrodne dziwo, narzekające w mediach społecznościowych na trudy matkowania. Na wieść o drugim dziecku, o córce, która w sposób oczywisty i nonszalancki zagnieździła się w moim brzuchu niecałe dwa lata po narodzinach synka, przyjaciele bliżsi i dalsi robią okrągłe oczy. Nie mamy mieszkania, nie mamy nawet kredytu, stałych, podwójnych przychodów. W życiu naszej trójki nie ma właściwie nic stałego i pewnego. Echem pobrzmiewa: „Podziwiam cię za tą decyzję" – przy czym sformułowanie „podziwiam" ma pewien szczególny, pasywno--agresywny wydźwięk. Przecież doskonale wiem, że nie podziwiają, tylko dziwią się. Zastanawia tylko to, że w tej dziko-kapitalistycznej krainie, gdzie dzieci są własnością rodziców, a rodzice kowalami losu, tak wielu martwi się, zastanawia, a chwilami wręcz potępia. W końcu czyje są te dzieci?

W firmie, w której pracuję, trwają przetasowania i roszady. Jest stresująco. Koleżanka, która podobnie jak ja ma skłonności do pracoholizmu, dzwoni do mnie, gdy jadę na porodówkę. Próbuję jej tłumaczyć, że mam wysokie ciśnienie, jadę do szpitala, prowadząc samochód, w foteliku z tyłu siedzi dwuletni syn, a mój mąż właśnie próbuje wyjechać ze Śródmieścia. W związku z tym czy projekt wymagający natychmiastowej konsultacji może chociaż trochę poczekać? „Trochę nie może" – odpowiada koleżanka. Jeszcze po zejściu z fotela, po badaniu na izbie i przyjęciu na oddział, odpisuję na wiadomości tekstowe. Chwytam się tych moich ostatnich chwil, kiedy jestem rodzicem tylko jednego dziecka. Jedno nie jest jeszcze tak kłopotliwe, mam w pamięci te rozpaczliwe i mroczne deklaracje wielodzietnych znajomych.

„Nie wyszłam z nimi sama z domu przez rok".

„Zawsze musiał je kłaść ktoś razem ze mną".

„Płakały naraz. Dwulatek krzyczał, młodszy miał kolkę".

Tymczasem wracam do domu i po jakimś pół roku mogę zostać z nimi sama, nawet na kilka dni, chociaż jest to doświadczenie z gatunku izolujących umysłowo i emocjonalnie.

Po tych kilku dniach spędzonych samej z dziećmi nie waham się podziwiać się za tę decyzję.

Podziwiam cię,
jak to wszystko
ogarniasz

Wchodzę po skrzypiących schodach na ostatnie piętro niewielkiej kamienicy. Dziecko owinięte kocem ufnie spoczywa na biodrze. Pukam do drzwi Grażyny. Jasne, czyste mieszkanie młodego małżeństwa. Podłoga lśni, nigdzie nie błąka się zagubiony tuman szarego puchu. Grażynie oczy błyszczą dziewczęcym blaskiem. Ma buzię szesnastolatki. W rzeczywistości jest niewiele starsza. Nie ma w niej zmęczenia ani irytacji, ani zniecierpliwienia. Chodzi lekko, na nogach ma grube, wełniane skarpety. Na stoliku w salonie porządnie założona książka o tym, jak być rodzicem dbającym o planetę Ziemię. Grażyna wysokim dźwięcznym głosem wyrzuca z siebie zdania, nie słuchając odpowiedzi, w ogromnej potrzebie monologu. Potrzeba ta znana jest od wieków młodym matkom na wewnętrznej emigracji od rzeczywistości: od polityki, lektur innych niż fora dla rodziców i stosowne poradniki, od wieczornych wyjść, wizytowych ubrań, samochodów, parasoli i biur.

– Mała od rana ma dobry humor. Koło piętnastej zaczyna marudzić. Oj, jej. A może chcesz na kocyk? I dzisiaj z nią nie wyjdę, bo tak strasznie wieje. Romka nie ma, pojechał w góry. Byliśmy ostatnio na przyjęciu u rodziców, było tak dużo ludzi, że musiałam przesiedzieć większość czasu w osobnym pokoju z nią. Będę pieluchować tetrą, niech no tylko zrobi się cieplej...

Próbuję wtrącić coś o zeskrobywaniu kału z ubranek i pieluch wielorazowych. Przypomina mi się, że myjąc pupy pod zlewem, zawsze muszę zdejmować obrączkę, bo włażą pod nią ekskrementy. Mąż kiedyś wyprał zabrudzone kałem ubranka bez skrobania i brud tylko się na nich zasklepił, musiałam je wyrzucić.

Grażyna nie słucha, wchodzi mi w słowo.

– Romek nie zostanie z nią dłużej niż pół godziny. Nie to, że nie chce, bardzo by chciał, ale ja nie chcę. Denerwuję się, że mogłaby się rozpłakać. Chcesz kawy? Chałwy? Zjedz chałwę. Zaraz musisz iść, mówiłaś, że o czternastej przychodzi niania i pracujesz przez cztery godziny. Ja sobie nie wyobrażam, by pracować. Jak jestem z dzieckiem, to jestem z dzieckiem. Jestem tylko dla niej. Nie mogłabym się skupić.

Chcę jej przytaknąć, powiedzieć, że owszem, trudno jest się skupić, i każdego dnia marzę o momencie, w którym dzieci zasną, każdego dnia mam nadzieję, że zasną wcześniej i będę mogła pobyć ze sobą. Trudno jest się skupić, kiedy obok kwili dziecko, ale jest w dobrych rękach, a ja muszę pracować. Tak postanowiliśmy – ciężar utrzymania rodziny rozłoży się na dwa, ciężar zajmowania się dziećmi też rozłoży się na dwa. Mąż zostaje z dzieckiem sam na kilka dni, ba, z dziećmi, też na kilka dni, tak samo jak ja. Oboje coś tracimy, oboje odkładamy się trochę na półkę, półdupkiem, prawie tylko dla nich. Prawie.

– Podziwiam cię. Z dwójką, nie wyobrażam sobie teraz dwójki dzieci. Nigdy. Ona potrzebuje tyle uwagi. Oczy ma Romka. Wszyscy mówią, że ma oczy Romka, takie zdziwione...

Grażyna kontynuuje swój monolog na głos, ja kontynuuję swój monolog w myślach. Tyle razy słyszałam monolog Grażyny, we własnej głowie, z ust koleżanek, w kilku książkach. Nie za wielu jednak książkach, bo monolog, tak dobrze mi znany, jest monotonny, usypiający. Jest przeciwieństwem wartkiej narracji, jest trwaniem w tu-i-teraz. Nieustępliwy jak sposób, w jaki Grażyna przerywa każde moje zdanie, każde nabranie przed nim powietrza, kiedy chociaż z grzeczności próbuję odpowiedzieć na jakąś Grażyniną frazę, już bez nadziei na połączenie, na przebłysk zrozumienia.

Macierzyństwo, ta ciepła kołdra z gęsiego puchu, która chroni potomstwo przed zimnem i parszywością otoczenia, przykrywa też matkę. Próby wyrwania się spod tej kołdry, chociaż ciężkiej i niewygodnej czasem, to jak wstawanie w nocy na siku albo wyjście późną jesienią na papierosa przed dom. Tam nic nie ma, są tylko obcy ludzie, są światy i światła, ożywione rozmowy, filmy i alkohol.

– ...rano, kiedy jest Romek, mogę spokojnie poodkurzać, zmyć podłogę, zaparzyć kawę...

I to przeklęte sprzątanie, Grażynko, kontynuuję w myślach, bo Grażyna nie słucha, wzdycham więc tylko i dalej do siebie, to przeklęte sprzątanie, posprzątany dom, jedyna rozrywka dająca ułudę kontroli, kiedy trwa się przy niemowlaku. Denerwowałam się, Grażynko, pamiętam jak dziś, zresztą czasem do dzisiaj mi zostaje, że tak strasznie denerwuję się, że kubek jest nieodstawiony na miejsce, a podłoga znów zarosła w paprochy, ziemię, błoto i okruszki. To poczucie, rezultat całodziennego krzątactwa, to poczucie, że cela jest schludna, czysta. Czysta – jak u ciebie. Że kiedy do pokoju wdziera się słońce, tak krótko świeci to słońce o tej porze roku, a jeśli już świeci, to oświetla posprzątany salon, wyszorowaną kuchnię, białe fugi. Słońce, słońce odbija się w nieskazitelnym szkliwie kubeczków na półce. Dzieci w kuchni śmieją się, mały synek nadziewa na widelec racucha, wygląda, jakby trzymał w ręku parasol albo śmiesznego grzyba. Brakuje tylko kamer i doświetlenia dużymi lampami zza okna, jak na planie serialu albo reklamy sera twarogowego.

– Tak rzadko przychodzisz – wzdycha Grażyna. – Siedzę sama, a jak ktoś już zajrzy, to przypominam sobie, że jednak tak bardzo brakuje mi ludzi... A może nie brakuje.

Samotna podróż

Jadę pociągiem. To samotna podróż, w delegację, w którą wysłał mnie pracodawca. Na mojej twarzy próżno szukać oznak matczynego potargania: jestem uprasowana, wyprostowana, w torbie mam przedmioty tylko niezbędne. Przygotowywałam się długo. Na tydzień przed wyjazdem uprasowałam trzy bluzki: na dzień wyjazdu, na spotkanie z klientem następnego dnia i na zapas. Wisiały w garderobie. Chciałam tę na wyjazd, niebieską i świetnie skrojoną koszulę skandynawskiej marki, zabrać ze sobą w pokrowcu i nałożyć dopiero w P., a w pociągu mieć na sobie bordową bluzę z kapturem mojego męża, ale uznałam, że warto uhonorować współpasażerów odświętnym widokiem. Po czternastej miałam odwiedzić siedzibę firmy kontrahenta i nie chciałam pospiesznie przebierać się w hotelu. Gdybym wylała na nią kawę, miałam przecież bluzkę w zapasie.

Siedzę w przedziale klasy pierwszej, ze sztywnym kręgosłupem, bojąc się pognieść błękitną bluzkę o doskonałym kroju: ma dekolt w łódkę, uszyta jest z grubego płótna. Zapina się na plecach: linia guzików biegnie wzdłuż pleców. Jest prosta i piękna jak z futurystycznego filmu SF, o atrakcyjnych, smukłych ludziach, ubranych w proste stroje uszyte ze szlachetnych tkanin. Bluzka ukrywa wszystkie załamania ciała, których nie pokazują futurystyczne filmy, pozwala mi poczuć się nadczłowiekiem, nadbytem. Kiedy pociąg rusza ze stacji, czuję falę gorąca i mrowienie w ramionach, co fałszywie biorę za ekscytację i podniecenie.

Patrzę przez okna. Karłowate zabudowania Mazowsza nikną po godzinie. Zagajniki, nieużytki i pola uprawne zwyciężają nad zachłannie wykarczowanymi i wyssanymi do cna z przestrzeni, ciasnymi działkami województwa stołecznego. Znikają reklamy, zagrody ze złomem. Za kolejnym laskiem teren coraz mocniej fałduje się. Trawa nabiera bujnego rozpędu. Suche, rytmiczne zarośla sztucznie zadrzewionych okolic nasypu powoli przeistaczają się w prawdziwe zarośla: dzikie, horyzontalne. Jakby ktoś rysunek twardym ołówkiem zamienił w rozbuchaną akwarelę: otwiera się przestrzeń, która pomimo przyszarzałego nieba i siąpiącego deszczyku wbija mnie w pluszowe siedzenie.

Dlaczego oni tego nie widzą? Domków, malutkich jak w książeczce o lokomotywie, śmiesznych krów, pagórków i kwiatów w samej pełni sierpniowego kwitnięcia? Staliby: syn na podłodze, nieodrywający wzroku od bajkowego pejzażu, córka podskakująca na siedzeniu, zerkająca na mnie i na zmianę tykająca szybę tłuściutkim paluszkiem.

Tak strasznie za nimi tęsknię, teraz, ta tęsknota jest jak uderzenie w brzuch, chcę zobaczyć to ich oczami, *wish you were here*, niemal słyszę synowskie, nienaturalnie wysokie: „Deszcz, deszcz! Krowa! Kogut! Dom!". Wiem, że gdyby naprawdę tu byli, rozglądałabym się już niepewnie po twarzach współpasażerów. Który wyrazi dezaprobatę dla ich niestosownie głośnych pokrzykiwań? Kto pierwszy zwróci uwagę? Gdzie znajduje się terrarium dla rodziców z dziećmi? Kiedy zaczną biegać, albo – nie daj Boże – się bić?

Tymczasem nie ma ich tu, a ja tęsknię, jakby ktoś wyrwał mi dwie piąte serca. Czy to tylko dlatego, że ich kocham? Że jestem ich matką? A może zupełnie we własnym interesie chcę wrócić do doświadczenia pierwotnego, chcę zobaczyć świat ich oczami – pierwszy raz, ukraść tę radość, ogrzać się w niej chociaż przez chwilę.

Kiedy wysiadam z ekspresu w mieście X., bluzkę mam już pogniecioną, a w torebce jest jak zwykle bałagan, piasek i kleiste okruchy. Powtórnie tęsknić za dziećmi zaczynam w pociągu powrotnym.

O czapce zasłaniającej całe ciało

Kiedy w domu znajduje się dwójka bardzo małych dzieci, przestrzeni na smutne rozważania zostaje bardzo niewiele. Pozostaje nieduży komin czasowy, coś w rodzaju darmowych minut, kiedy jedno śpi, a drugie zajęte jest psuciem zegarka, rozrzucaniem klocków, bezskutecznym domaganiem się dostępu do bajek o Bolku i Lolku. W tego rodzaju czasowych wyrwach, trwających od kilkunastu sekund do kilkudziesięciu minut, ciężko jest się skupić. To nie są nawet minuty należące do mnie, tylko obowiązkowe przerwy w pełnym wymiarze czasu pracy: papieros, kawa, słodycze, media społecznościowe, bezmyślne stukanie w telefon. Sytuacje, w których z równania zostają wyjęte dwie niewiadome – dwoje dzieci, cudowni i straszni strażnicy własnych dumnych i nienaruszalnych małych jestestw – są rzadkie i pełne czyhających niebezpieczeństw. Na przykład babcia zabiera wózek wypełniony córką na spacer, a starszy syn jest w przedszkolu. Teoretycznie godzina. Czas mamusi. Zwlekam z pójściem pod prysznic, który tym razem może być niespieszny i dłuższy niż kwadrans. Nie zamykają mi się oczy pod gorącym strumieniem wody, jak dzieje się to wieczorem. Wychodzę umyta, rześka, gotowa. Listopadowe zimne, lecz dziarskie światło wdziera się do dużego pokoju, oświetlając mój prawy bok. Jestem niekompletnie ubrana, ale rozebrana na tyle, by dostrzec to, na co nie chciałam patrzeć przez ostatnie tygodnie, kiedy kompulsywnie sięgałam po czekoladkę czy dziesiąty pierniczek z Biedronki. Dziwny kostium postawnej pulchności, nie jakiejś tam dziecięco-nastoletniej, jędrnej i pełnej nadziei. Stanik wrzynający się w plecy, ledwie podtrzymujący obfity, falujący biust. Faluje też epicentrum kompleksów, geometryczny środek ciała. Brzuch, biodra, uda. Potężne ramiona, umięśnione, ale też z cienką warstwą lekko zwiotczałej tkanki tłuszczowej. Pasujące do tego duże, misiowate ręce.

Zupełnie niepasujące do tego zdumione i wystraszone oczy, w pierwszej siatce zmarszczek, podkrążone. Obrzękła twarz, podmalowana szarą akwarelą.

Niesamowite, jak dużo postawnego i stanowczego miejsca zajmuje to ciało. Pozostaje w kontraście do poczucia znikania, które towarzyszy mi od pierwszej ciąży. Przestaję się fizycznie czuć, przestaję identyfikować zmęczenie, głód. Mogę nie jeść przez cały dzień, potem zjeść nagle bardzo dużo, bez poczucia sytości czy satysfakcji. Na stojąco, chowając się za drzwiami lodówki.

Odkrywam system jedzenia na stojąco – bez talerza, bez sztućców, bez nakrycia i odgrzania. To przecież nie jedzenie. O takim jedzeniu nie piszą w magazynach kulinarnych, takie jedzenie nie istnieje jako posiłek, a jednak zasila ciało znaczną ilością kalorii. Zaczynam rozumieć moją babcię, która nigdy nie lubiła zasiadać do wspólnego stołu. Krzątała się, zrzędząc, zbierając talerze, podtykając pod nos półmiski i wazę z zupą. Któregoś razu nakryłam ją, jak ukradkiem wpycha do ust prawie cały trójkąt śmietanowca – najlepszego ciasta na świecie. Widząc mnie, pięcioletnią, w drzwiach kuchni, rzuciła mi tylko przestraszone spojrzenie, tak inne od jej hardego, gderliwego tonu, którym od rana do wieczora terroryzowała dziadka.

Stoję schowana za lodówką, z ustami pełnymi czekolady. Wciąż wydaje mi się jednak, że kurczę się i zasuszam. Jest natomiast wręcz przeciwnie. Jest mnie bardzo dużo. To okropnie zawstydzające. Chciałabym być koścista i pokurczona, malutka, tak niewielka i nieważna, jak nieważna przed samą sobą się czuję. Bo przecież od ciała się zaczyna. Ciało stanowi reprezentację myśli i emocji, które nieumocowane dryfują pod sufitem, pod koronami drzew i pod daszkami zabudowań gospodarczych. Brak ciała jest anty-namacalny. Mając ciało, należy się na coś zdecydować. Należy zadeklarować się, poczuć obecność.

Po konfrontacji z bezlitosnym odbiciem w zwierciadeł-ku ściennym z taniej sieciówki meblowej znów naciąganie na to obce ciało spodni, bluzki, majtek zaczyna sprawiać mi fizyczny ból. Na idiotyczną, krótką i bezpłciową fryzurę naciągam czapkę, nad same oczy. Chciałabym takiej czapki, która zasłoni całe to ciało. Znów będę wstydzić się i garbić, wychodząc do ludzi, co jakiś czas przypominając sobie miażdżący widok w lustrze. Zapomniane ciało daje o sobie znać: grozi, pomstuje, przekupuje. Mami idiotycznymi obietnicami, że jeśli tylko przez trzy dni nie wezmę nic do ust, spotka mnie nagroda, poczuję się lżej. Będę mniejsza, naciągnę spodnie bez nerwowego drapania ud i niemal cudzych, postarzałych przedwcześnie pośladków. Zniknę pod zwojami za dużych ubrań, stanę się nim, tylko ubraniem, duchem, zapomnę o sobie naprawdę i dostanę tego niepo-wtarzalny, materialny dowód.

L. (2)

Wszystkie sklepy typu dyskont wyglądają podobnie, jeśli nie tak samo. Różnią się układem miejsc na parkingach, ulicą, na której się znajdują, i zawartością wyprzedażowych koszy. Już jako matka odwiedzam dyskont co tydzień. Sobota. Święto samotnej krucjaty.

Najpierw półka z pieczywem. Kawa, a zaraz po kawie regał z ciastkami i czekoladą. Najpierw wkładam do wózka trzy paczki ciastek. Po chwili wahania odkładam jedną. Przy kasach zostawię tę ostatnią, najmniejszą, chociaż zdaję sobie sprawę, że wczesną, zimną wiosną samotne wieczory są długie, a mój mąż też lubi słodycze. Paczka może nie dotrwać do dwudziestej trzydzieści. Kiedy wracam z sobotniej wyprawy po zakupy, obładowana siatkami, M. często rzuca się na sprawunki, wygrzebując z nich szeleszczące paczki pełne cukru. Potrzebuje nagrody po długim poranku z półtorarocznym stworem, który mieszkanie potrafi błyskawicznie doprowadzić do stanu porównywalnego z wybuchem bomby odłamkowej.

Zakupy, które robię co tydzień, nie są zakupami, które mają jakikolwiek związek z przyjemnością. Nie jest to ser pleśniowy, kilogram winogron, alkohol i wyszukane słodycze z delikatesów. Cotygodniowe zakupy w dyskoncie są zakupami z tak zwanego koszyka potrzeb podstawowych. W dziale owocowo-warzywnym: kartofle, włoszczyzna, brokuły, kalafior, kalarepka. Jabłka. Banany dla dzieci. Dalej nabiał. Masło, twaróg, jogurt naturalny. Jajka. Porcje rosołowe, patroszona ryba. Jeśli miesiąc jest słaby, to same porcje rosołowe. Ser żółty z gumy, ostrzykana wędlina. Ogórki kiszone, puszki pomidorów, kukurydzy, groszku, fasoli. Nawet nie patrzę na półki. Wszędzie wszystko zawsze to samo. Skanuję towary wzrokiem jak wprawiona kasjerka i dokonuję szacunku finansowego. Dwadzieścia sześć, pięćdziesiąt siedem, sześćdziesiąt dziewięć, sto dwadzieścia. Przy kasie okazuje się, że myliłam się zaledwie o dwa złote. Na moją korzyść.

Apatycznie grzebię w koszach z tekstyliami i artykułami promocyjnymi. Wyciągam jakieś majtki, złej jakości bawełnianą koszulkę. Nieodparte wrażenie – zawsze jest to ta sama koszulka i niezwykle podobne majtki, smutne i zmięte. Skarpety dla dziecka. Przy kasie zostawiam w wózku tylko skarpety dla dziecka.

Ponieważ tak naprawdę nigdy nie mam ochoty na brokuły, twaróg i jogurt bez smaku, często jedzenie się marnuje. Wyrzucam z poczuciem winy, zawsze z tym samym poczuciem winy, wszędzie.

Pieluchy. Pieluchy i chusteczki. Mleko dla małych dzieci. Zawracam po nie i już wiem, że nie zmieszczę się w dwóch stówach. W głowie kręci mi się z nudów, irytacji i złości.

Przy kasie czeka mnie jeszcze poczucie winy spowodowane zapomnieniem z domu bawełnianych siatek. Poczucie winy: zawsze wszędzie to samo. Sześć toreb z plastiku. Sto osiemnaście dwadzieścia sześć za jedzenie, osiemdziesiąt dziewięć szesnaście za dwie paczki pampersów, mleko Bebiko 3 i czteropak mokrych chustek do wycierania pupy.

Mój samochód jest tak brzydki, zardzewiały i urągający bezpieczeństwu, że nie warto kłopotać się nawet jego myciem. Zjeżdżam na pobliską stację benzynową i kupuję kawę w papierowym kubku. Jest obrzydliwa, zalatuje fetorkiem niepłukanego przez kilka dni ekspresu, ale kosztuje niecałe pięć złotych. Wewnętrzny głos mówi mi, że powinnam ją wyrzucić, jechać do kawiarni i wypić taką za trzynaście i zjeść do niej tartę z malinami za dziesięć. Głos, który nakłada się na ten pierwszy głos w dysonansowej polifonii, mówi, że czas leci, że nie ma mnie już godzinę. Nieobecność matki w sobotnie poranki, nieobecność dłuższa niż sto dwadzieścia minut skutkuje potwornym, nieokiełznanym bałaganem, który postępuje jak sepsa u osłabionego pacjenta na ojomie. Syn właśnie nauczył się chodzić szybko, skutecznie i bez-względnie. Wyrzuca z szuflad napoczęte worki z mąką i ka-szą, polewa powstałe pryzmy mlekiem, a na wierzchu kła-dzie but, który żuł uparcie trzy minuty wcześniej. Mąż w tym czasie, osłabiony długim tygodniem pracy, leży zbolały na sofie Ektorp, pogrążony w lekturze gazety sprzed trzech ty-godni. Kolejny dysonans w irytującej polifonii galopujących myśli: dwadzieścia trzy złote za hipotetyczną kawę i tartę z malinami to prawie paczka pampersów. Dokonuję bilansu winien–ma bez zaglądania na stronę banku w komórce. Na tym etapie mój zawirusowany mózg protestuje: chcę prze-prowadzić operację defragmentacji i skanowania zanieczysz-czeń, ale co chwila pojawiają się okienka z gołymi babami, reklamą internetowego pokera i „poważne ostrzeżenie o in-fekcji!". Nie nadążam z ich zamykaniem, osuwam się bez-radnie w poznawczy niebyt, siedząc w upstrzonym okrucha-mi fotelu kierowcy osiemnastoletniej fiesty.

W ręku stygnie kartonowa kawa. Otwieram szeroko okno auta. Z przodu mam widok na parking dyskontu. Za-palam papierosa, ponieważ w drugiej dekadzie dwudzieste-go pierwszego wieku wciąż są kobiety, które palą, chociaż nie bez poczucia winy. Kolejne czterdzieści pięć minut, minut ukradzionych mężowi, dziecku, domowemu budżetowi, uważnym zakupom nieprzetworzonej żywności na ryneczku, minut ukradzionych swojemu zdrowiu, dentyście, fryzjerowi, minut skradzionych pracy, realizacji zlecenia, poszukiwaniom kolejnych, czterdzieści pięć minut, dwa tysiące siedemset sekund, które mogłabym poświęcić na bieganie, program odbudowy sylwetki z Ewą Chodakowską czy siłownię, upływa mi na tępym patrzeniu na parking dyskontu. Samochody przesuwają się po placu jak niezborne owady. Z aut wysiadają rodziny w sportowych kurtkach. Kobiety w eleganckich płaszczach i pełnym makijażu. Wąsy, brody, buty. Dzieci w adidasach.

Siedzę w brzydkim, starym aucie, o którym lubię żartować, że jest moją gigantyczną torebką. Kiedy pół roku później sprzedaję je złomiarzowi, odchodzę z parkingu, dźwigając cztery reklamówki barachła. Teraz dopijam ohydną kawę i wrzucam pusty kubek za fotel kierowcy. Przedmiot dołącza do swoich czterech niechlujnych kolegów z czterech poprzednich sobót. Z czymś w rodzaju półfizycznego bólu przekręcam kluczyk w stacyjce. Ciężko oderwać się od tych kilkudziesięciu ukradzionych minut. Kiedy w końcu udaje mi się zamknąć złośliwie wyskakujące okienka, muszę natychmiast przywrócić system do pełnej gotowości.

Galeria P.

P. to przedmieście. Satelita stolicy. Znajduje się na linii kolejki i pociągu. Jest ładne i można powiedzieć o nim, że aspiruje. Dużo tam starych budynków i drzew. Niektóre są zaniedbane, inne, po renowacji, wyglądają jak architektoniczne makiety stylu narodowo-kuriozalnego. Toczone tralki, odmalowane na śnieżnobiało gzymsy i półkolumny. Zabytkowe wille z wstawionymi niedawno oknami z plastiku przypominają żony bogatych biznesmenów, które lubią operacje plastyczne. Wszystko jest stateczne, mieszczańskie, postoi długo. W soboty odbywa się targ, a w niedzielę, po cotygodniowej mszy, ludzie gromadzą się w cukierniach i kawiarniach. Jest i publiczny ośrodek zdrowia, pamiętający lata osiemdziesiąte, ale też prywatny gabinet świecowania uszu. Dużo biznesów zakładanych przez młode matki na urlopach wychowawczych: szycie ozdobnych śpiworków do wózków, pluszowych zabawek, które udają brzydkie, barwnej odzieży maskującej pociążowe kilogramy, dietetyczka na telefon. Wiele rodzin, które aktywnie spędzają weekendy: na rowerach, biegając czy gromadząc zapasy na czas zagłady atomowej w przydomowych bunkrach. Dużo rodzin, które świadomie odwracają się od mainstreamu, od miejskiego pędu i irytującej kompetytywności.

Mieszkanie, które wynajęliśmy, jest niedrogie i niewiele większe od poprzedniego, ale ma wyjście do ogrodu. Różnicę w cenie lokalu w stolicy i pod miastem pokrywają wydatki na benzynę i bilet miesięczny.

Znajdującą się najbliżej miasteczka galerię P. lubię chyba najbardziej ze wszystkich znanych mi centrów handlowych. Jest mała, ale zawiera delikatesy, dom towarowy z tanimi ciuchami, trzy sklepy meblowe, duży sklep z zabawkami oraz market elektroniczny. Jest też Piekiełko, piekielnie droga i duszna sala gimnastyczna dla małych dzieci, której jedynym atutem jest to, że jest i że grają w niej muzykę dość cicho.

Na parterze, zaraz za obuwniczym, znajduje się para oszklonych drzwi, zza których widać nieużytki. To miejsce jest jak zaczarowany portal. Za szybą jest albo skwar i spalona słońcem trawa, albo jesienno-zimowo-wiosenna, otępiająca, zimna polska pora roku. W centrum handlowym, w kontraście do panujących na zewnątrz warunków atmosferycznych, jest chłodno bądź też ciepło. Budynek jarzy się dyskretnym światłem, szemrze cicho, kojąco. Mój syn też bardzo lubi centrum handlowe w P. Z tylnego siedzenia, z wysokiego fotelika, dobiega jego dziecinne, ciche: „wow, ale super", kiedy zza ciemnej ściany niskiego mazowieckiego lasu wyłania się feeria rozżarzonych kasetonów z nazwą galerii.

W środku czas zwalnia, zasysa się do środka. Nawet mój łatwo pobudzający się do szaleństw i płaczu dwuletni synek daje się nieść łagodnemu arkadyjskiemu nurtowi. Wchodzi do sklepu z odzieżą i... daje sobie przymierzyć czapkę! Dziecko, za którym chodzę wte i wewte, usprawiedliwia moje szwendanie się po budynku. Nie mam nic do kupienia poza tym, co mam już w torebce. Nie mam za bardzo pieniędzy na godzinę w sali gimnastycznej dla małych dzieci, która zawsze zamienia się w dwie i pół godziny i pięćdziesiąt złotych. Nie mam nawet tych pięćdziesięciu złotych, a nawet jeśli mam, to muszą one natychmiast posłużyć do cerowania kolejnej dziury w naszym gospodarstwie domowym, dziury, przez którą uciekają pieniądze, czas i samozadowolenie. Chodzę tutaj, po tym małym hrabstwie, minimiasteczku pod dachem, mijając nielicznych ludzi, odziana w porwane dżinsy i kłapiące obciachowo odklejającą się podeszwą botki. Za to dziecko wygląda nie najgorzej: ma nową kurtkę, buty kupione w sklepie internetowym, nocą, kiedy ceny są najniższe.

Od razu dostrzegam je, inne one. One jak ja, z dziećmi: może ze schludnym wózkiem, może z jeszcze nieszkolną gromadką. Słyszę, jak rozmawiają z nimi łapczywie. Mówią i mówią, głosami spokojnymi, nużącymi, czasem podbitymi zupełnie nieadekwatną, nagłą emocją, głównie złością, zniecierpliwieniem albo nadnaturalnym śmiechem. Mówią i mówią. Może chciałyby przed anonimową publicznością pokazać ten bogaty zasób słów, którymi posługują się ich pociechy – myślę złośliwie. A może po prostu odruchowo rozmawiają, rozmawiają, rozmawiają, całymi dniami pozbawione innego niż własne dzieci towarzystwa.

– No, Mareczku, ale proszę ubrać czapkę.

– Nina, chyba zgubiłaś swojego kucyka pony.

– Ale nie kładź się na ziemi, zaraz dam ci dwa złote na karuzelę.

– Wituś. Najpierw słomka, o, tak, przebij i możesz pić. Proszę.

Zdania wypowiadane mimochodem, monotonnym, trochę wyższym niż normalnie głosem. Znam każde z nich. Czasem słucham siebie z pewnym zawstydzeniem, gdy wypuszczam je z ust. Nie znaczą kompletnie nic, są obłokami pary, w których grzeją się moje dzieci. Ciepły gdak, upewniający potomstwo, że jestem w pobliżu, czuwam, a jeśli coś będzie nie tak, coś zagrozi, zmartwi albo przestraszy – natychmiast zareaguję.

Początkowo mało mówię do mojego starszego syna i znajome skrzypienie głosu po całym dniu milczenia wita męża w słuchawce telefonu, kiedy dzwoni, że dzisiaj wróci po dwudziestej pierwszej. „Ale jaak to...?" – skrzeczę obrażona, i uświadamiam sobie, że ostatnie słowa powiedziałam do sprzedawczyni w warzywniaku o trzynastej. Jednak kiedy syn staje się mobilny, a potem rodzi się córka – rozgdakuję się na całego. Zaczyna się od „nie wolno". Lubię słowo „stop", bo przeczytałam gdzieś, że dzieci nie reagują na „nie". Owszem, mój syn nie reaguje. Na „stop" – może jeden raz na dziesięć. Przy urodzonej już córce i całkowicie zasadnie zazdrosnym synu uruchamia się znienawidzone „nununu".

– Stop, Witek, nununu, książki służą do czytania, nie darcia.

– Nununu, na dwór wychodzimy w kurtce.

– Nununu, nu.

Gdaczę do córeczki od rana, mówię do syna od momentu pobrania go z przedszkola aż do chwili, gdy zaśnie. Wieczorem mam zdarte od gadania gardło i niejasne wrażenie, że to nie był mój głos, to nie jest mój głos. Jak to jest możliwe? Bardzo rzadko zdarza mi się spędzić wolny czas z dala od dzieci. Zaczynam rozmowę z kimś dorosłym i zażenowana milknę w połowie zdania. Wydaję się sobie zbyt natarczywa w dyskusji, zbyt podniecona, jak szczeniak wypuszczony w wysoką trawę i łaszący się z wywalonym językiem do znudzonego właściciela. Kim jest ta osoba, która gdacze? Jakim głosem powinnam mówić teraz?

Nasłuchuję monotonnych, jednostajnych rozmów matek i dzieci w P., łagodnych jak szmer sztucznej fontanny w alejce głównej.

I.

Wielki sklep meblowy. Znaleźć w nim można nie tylko meble, lecz także całe życie. Korporacja, która zawiaduje ogromną, ogólnoświatową siecią niemal identycznie wyglądających magazynów, stawia przede wszystkim na rodzinę. Na wyobrażenie rodziny. Na pewien portret pewnej rodziny w pewnym wnętrzu. Nawet karta stałego klienta, uprawniająca do czasowych zniżek w sekcji szlafroków i anonimowo wyglądających sztuk bagażu, właśnie tak się nazywa: RODZINA.

Alejkami snują się pary i klany. Zachłannie podsłuchuję ich rozmowy. Młoda kobieta z atrakcyjnym, przedwcześnie posiwiałym mężczyzną wybierają niskie stoliki na przeszkloną werandę.

– Kupmy takie dwa, będziemy tutaj odstawiali drinki, oglądając wschód słońca.

Każdy z tych pozornie bezosobowych, produkowanych na masową skalę przedmiotów zawiera w sobie jakiś nieokiełznany potencjał szczęścia. Milion noworodków śpi w gustownej, stonowanej kolorystycznie pościeli w rysunkowe niedźwiadki. Setki tysięcy żyć poczętych na prostych, składanych kanapach bez podłokietników, pod kołdrami w op-artowe kropki. Być może to marketing korporacji, jej kultura wizualna wyzwala jedyny w swoim rodzaju uspokajający, słodki syrop poczucia bezpieczeństwa. Wypływa ono z prostych linii, symetrii, funkcjonalności. Uwalnia piersi z ciężaru aspiracji, jest tu-i-teraz, w jednym miejscu, gotowe.

Mojego męża ta estetyka męczy i napełnia niezrozumieniem. Wychował się wśród gdańskich szaf i dziewiętnastowiecznych sekretarzyków. Nie chce towarzyszyć mi w moich wyprawach. W innym magazynie meblowym, w którym kupujemy twardy materac w promocji, ostentacyjnie interesuje się drogim jak skurwysyn fotelem typu uszak. Mąż ma swoją aspirację, swoją krainę dzieciństwa, w którą chroni się, ucieka, kiedy czuje się zmęczony, zły lub niepewny. Tymczasem halo, halo, to my musimy stworzyć naszym dzieciom własną krainę, naprędce i z wątłym budżetem.

Skoro dzieci, to dom. Przez wiele lat nie mam domu. Mam wynajmowane ze znajomymi pokoje i kawalerki. Mieszkanie dzielone z mężem przed okresem rozpłodu to miniaturowe dwa pokoje na poddaszu w samym centrum miasta: skrzyżowanie skłotu, gołębnika i nory pisarza alkoholika z iście nowojorskim widokiem na pociętą śmiałymi pionami budynków linię nieba.

Teraz jest inne poddasze, albo parter, zależne od tego, gdzie zostaniemy przerzuceni własną impulsywną decyzją. W ogłoszeniach szukam mieszkań przypominających ryzę białego papieru, bez przerażających sof, starych telewizorów, bez ciepłej żółci i oranżu w przedpokoju, bez boazerii. Bez podejrzanych kątków, stęchłych tkanin. Wierzę, że wizyty w magazynie meblowym ogólnoświatowej korporacji zamienią mój potencjalny dom w jasne, dobre i czyste miejsce.

Tymczasem udomawianie – bo nie znam adekwatnego odpowiednika angielskiego *homemaking* – to dla mnie jedno z najtrudniejszych i najuciążliwszych zadań z kategorii „życie rodzinne". Realizacja udomawiania, zajęcia od wieków przypisywanego kobietom, to czasochłonny i nużący proces. Składa się na szereg powtarzalnych sekwencji ruchów i zadań, zabiera czas, pieniądze i siły. Udomawianie to nie tylko znalezienie mieszkania, a następnie umieszczenie w nim mebli, zwierząt, zabawek, książek i pościeli. To proces ciągłego przemalowywania tego samego obrazu, zeskrobywania, przeskalowywania kompozycji i dynamicznej reakcji na zmiany oświetlenia.

Przez lata moim domem był plecak i kilka kartonów z książkami. I komputer. Kiedy mój ojciec pomagał mi wnosić rzeczy na dziewiąte piętro akademika, komputerem był wielki, stacjonarny kloc, który dostałam w nagrodę za maturę, egzamin zawodowy i dostanie się na całkiem dobre bezpłatne studia dzienne. Z upływem lat były to coraz cieńsze laptopy i dyski archiwizujące jedyny dorobek – dorobek profesjonalny, mierzony w giga- i terabajtach. Ubrań pozbywałam się bez żalu. Dobrze czułam się z półkami pełnymi książek. Nie miałam żadnych innych estetycznych wskazówek. Z upływem lat i wyraźną niechęcią nauczyłam się sprzątać, kiedy odkryłam, że w ładzie pracuje mi się lepiej. W ładzie w ogóle żyje się lepiej. Tylko ta myśl przyświeca mi, kiedy udomawiam.

Do udomawiania potrafi skłonić mnie wizyta w magazynie meblowym. Zakup jakiejś taniej, bezpotrzebnej rzeczy: sosnowego stolika, krzesła, kolejnego kompletu pościeli. Zaczynam łaknąć zapachu świeżego prania czy tam innego ciasta z jabłuszkiem i cynamonem – symboli sytego ciepełka i bezpieczeństwa.

Po powrocie ze sklepu jasna terakota w kuchni pstrzy się ciemnymi, poszarpanymi plamkami rozlanych dziecięcych napoi, które przyciągają czarny brud. Jakie to szczęście, że sosnowy parkiet ma właściwości maskujące, w stosunku do nawarstwiającej się, czasem kleistej faktury, następstwa nieustannego użytkowania. Jednak najgorszy jest samoodnawiający się nieład. Ręcznik suszący się na drzwiach, brudne spodenki rzucone niedbale na kolumnę stereo, zapomniany kubek-niekapek na zakurzonym parapecie, z czymś, co kiedyś było kakaem. Nie umiem udomawiać systemowo, są to raczej koncentrycznie rozchodzące się kręgi. Zamieść przy łóżku. Przetrzeć parapet w sypialni. Zabawki. Wyrzucić śmieci. Najpierw śmierdzące. Najpierw zepsute. Za łóżkiem jakieś stare ciuchy i bagaże, w których ostatnio grzebał i skakał syn. Zostaw. Najpierw pościel. Kapa do prania. Zdjąć pranie z suszarki, która zawsze, zawsze na środku, jak wystawowy pawilonik, pełna przyszarzałych majtek i małych bluzeczek. Rozrzucone płyty. Kosztowny leżak niemowlęcia, prezent, ładny i funkcjonalny, ale upstrzony szarymi drobinkami kurzu. Kable. Ziemia z dworu. W końcu balkon, taras: magazyn na wózki i przedmioty letnie, które grzybieją, patynują się i nikną pod warstwą nanosów zmian atmosferycznych. Otwarty wieszak pełniący funkcję szaf, wszystkie ciuchy wylewające się monstrualnym kłębem z estetycznych kiedyś pojemników na rzeczy.

Ile czasu mogę dzisiaj poświęcić na udomawianie? Na jak długo mogę dać się wciągnąć w tę czarną norę ustawiania, składania, przekładania, pucowania i nadawania sensu?

Sosnowy stolik pokrywa się kleistą substancją domu, który nieudolnie prowadzę. Jak nowy samochód z salonu: zadbany, pucowany, a czasem nawet z folią na siedzieniach długo po zakupie. Do pierwszej rysy, która bezpowrotnie przekreśla nowość i nieskazitelność. Po tym natychmiast traci totemiczność nowego przedmiotu, który podnosi status i samoocenę, a staje się wyposażeniem codzienności, niedoskonałym, nadpsutym, niczym ja sama.

H&M

Do domu towarowego H&M przychodzą wszyscy. Jest to sklep prawie najtańszy i prawie nie najgorszy. Sprzedaje ubrania, które oburzają dobrze sytuowanych (ponieważ jakość odzieży jest wątpliwa) i świadomych społecznie (ze względu na niewolniczą pracę robotników na Dalekim Wschodzie), a zadowalają tych sytuowanych gorzej. Ubierają się tutaj dzieci, młodzież i dorośli. Ja też się tutaj ubieram. A raczej przymierzam.

Ponieważ nie mam w domu wagi łazienkowej (co, podobnie jak wewnętrzny nakaz nieczytania komentarzy w internecie na własny temat, jest jednym z rozsądniejszych gestów dla profilaktyki depresji), odkąd rodzę pierwsze dziecko, tak zwana kontrola wyglądu odbywa się w przymierzalniach.

W domu towarowym H&M lustra są skonstruowane wyrozumiale. Jestem w nich szczuplejsza niż w rzeczywistości. Rozmiary są zaniżone, co potęguje wrażenie, że mimo postawnych gabarytów pod pewnym kątem i w pewnym oświetleniu wydaję się sobie całkiem znośna.

Podczas wizyt kontrolnych nic nie kupuję, bo wierzę, że jeszcze tylko miesiąc karmienia, jeszcze trzy miesiące ćwiczeń i wrócę, wrócę do siebie pod cielesną postacią znaną mi przez całe życie. Może nie byłam nigdy wspaniałą laską, miewałam okresy opuchliny i niewyględności, a przede wszystkim byłam dzieckiem z nadwagą, które dość wcześnie poznało gorycz pseudodyskretnych uwag i skonsternowanej ciotczynej troski.

— Zdecydowałam, że nie będę ci już przywoziła w prezencie słodyczy. To ostatni raz. Masz popsute zęby i... — Głos cioci Małgosi zawiesza się na chwilę, ona spogląda na moją mamę pytająco. — ...słodycze nie służą figurze, a ty musisz z tym... chyba uważać.

Pyszne, słodkie cukierki M&M's, z chrupiącą kolorową skorupką, które tak wspaniale rozpływały się w buzi pod wpływem enzymów zawartych w ślinie, zamieniają się we włochatą, nieprzyjemną masę, w obrzydliwy glut. Mam dziewięć lat i powstrzymuję się, by nie wybiec do toalety i nie wypluć tej masy do kibla. Chyba właśnie wtedy kończy się definitywnie moje dzieciństwo, chociaż miało już wcześniej kilka innych smutnych finałów. Kończy się dzieciństwo i zaczyna kobiecość, rozumiana jako paczuszka pewnych oczekiwań, pewnych „koniecznych ograniczeń, wyrzeczeń, rozumiesz". Za każdym razem, kiedy widzę moje małe dziecko, zachwycone czekoladą wypełniającą malutką buzię, moje kochane, szczęśliwe dziecko w czekoladowej ekstazie, czuję posmak tego glutu, tej rozmowy, tej popołudniowej herbatki trzydziestoletnich pań, które wiedzą, że życie składa się z wyrzeczeń, poronień, diet, bezpłatnych urlopów wychowawczych i niskiej emerytury. I nigdy nie wiem, i boję się, czy moje kochane, szczęśliwe dziecko, usmarowane wedlowską gorzką (oczywiście) i mruczące „mniam, mniam, pycha", nie jest za bardzo szczęśliwe właśnie w tym momencie albo czy nie jest naprawdę szczęśliwe tylko wtedy, kiedy tę czekoladę zjada.

Dekadencki tryb życia na studiach wyrzeźbił mi atrakcyjne kości policzkowe, szczupłe nogi i wąską talię. Teraz to wspomnienie młodej i pięknej mnie zamknięte jest w szczelnej, foliowej torbie z napisem PRZEDCIĄŻA. Nie otwieram tej puszki Pandory, tylko średnio raz na dwa tygodnie znikam z naręczem ciuchów w buduarach domu towarowego H&M.

Przymierzam odzież w różnym stylu, również taką, której nigdy bym nie kupiła, a nawet jeśli kupiłabym w jakimś totalnym ogłupieniu, to – nie założyłabym na co dzień. Nie najlepszej jakości sukienki z wiskozy, idiotyczne spodnie i koszule w stylu biurowym, bezsensowne bure narzutki, które wprawdzie noszę, ale których mam pięćdziesiąt, więc nie kupuję kolejnej. Spódnica z materiału przypominającego piankę dla nurków, body z koronki. Tutaj moje próby nadania sobie tożsamości nabierają kształtu bezpośredniej konfrontacji. Mogę być elegancką biurwą, rozbrykaną dwudziestką w przekrzywionej miniówie, która mi się spodoba? Tylko nie matka, w matczynych łachach, wszystko-jedno-jakich, chociaż na chwilę nie ona. Ale, ale, proszę pani, tylko który rozmiar?

Na początku, ze trzy tygodnie po pierwszym porodzie, nie mieszczę się w nic, co zdjęłam z wieszaków. Przepełniona zgrozą odwieszam na miejsce odzież w rozmiarze 44/46. Po miesiącu już w nią wchodzę. Po pół roku jest już 40. Wiem też, że spodnie z obniżonym pasem będą stanowić dla mnie nieprzebyte tabu już do końca moich dni. Pojęcie upychania się w spodniach nabiera dla mnie sensu, nawet jeśli są to już spodnie w rozmiarze 36/38, tym, który znałam przez większość dorosłego życia.

Z czasem chudnę, ale ciało na zawsze pozostaje obce. Czuję, że powierzchnia skóry nie jest już tak unerwiona i podatna. Przestaję czuć erotyczny powiew zimnego wiatru na karku; zimna woda w jeziorze tylko irytuje. Ciało przestaje reagować na bodźce, opędza się znudzone „daj mi

spokój – zdaje się mówić – chcę być odłożone do szafy".
Moje ciało służy innym, mimo że dzieci opuściły gościnne
podwoje mojej macicy, a ich usta nie zasysają się chciwie na
sutku: od rana do wieczora jestem gnieciona, szczypana,
obejmowana za nogi, służę za ściankę wspinaczkową, po-
duchę i kołdrę. Dzieci miętoszą moją skórę, zaciekawione
szczypią i wbijają palce w miękkie, pomarszczone rewiry.
Godzę się zatem z wizualną przemianą tego ciała i przez
większość czasu zapominam, że je mam, bo go nie mam,
nie jest moje, już nie jest moje.

Autostrady, stacje benzynowe i autostrady

To było jeszcze w tych słodkich czasach, kiedy dzieci nie trzeba było zapinać w foteliki samochodowe, a w samochodach nie montowano nawet pasów bezpieczeństwa na tylnej kanapie. Podróżujące dziecko mogło spędzać większość czasu w pozycji świstaka, wciśnięte między przednie fotele, nasłuchując, o czym to rozprawiają ojciec i matka, oboje zapatrzeni w głąb przemierzanej szosy.

„O czym rozmawiacie!? Mówcie głośniej!" – pokrzykiwało dziecko.

Ja najbardziej lubiłam długie podróże, podczas których zajmować mogłam na leżąco wszystkie tylne siedzenia. Mama mościła mi z tyłu posłanie: w pozycji neronicznej, oparta na łokciu, stosie kurtek i kocach, obserwowałam zza bocznej szyby uciekającą noc.

Rozstaw kół poloneza, należącego do mojego ojca, wynosił 1314 milimetrów, co dawało swobodne sto dwadzieścia centymetrów relaksu młodej osobie leżącej z tyłu. Z wytęsknieniem oczekiwałam chwili, w której zajmę przednie miejsce pasażera. Musiałam jednak urosnąć do półtora metra, bo tak głosiły ówczesne przepisy. Nie jestem pewna, może to była pewnego rodzaju półprawda w ustach ojca, tylko i wyłącznie na mój użytek. Być może napawało go poczuciem winy dmuchanie papierosowym dymem prosto w dziecko siedzące obok (nie przeszkadzało mu jednak palenie z dzieckiem jadącym na tylnej kanapie). Wbrew pozorom nie mam o to do niego pretensji. Mdlący odór spalin mieszał mi się ze słodkawą tytoniową mgiełką, tworząc zapachową mieszankę, która do tej pory budzi moje podekscytowanie i rodzaj radosnego napięcia.

Śladowe ilości choroby lokomocyjnej powodowane były prawdopodobnie twardym zawieszeniem FSO-wskiego cudu rodzimej motoryzacji. Nie lubiłam zapachu rozlanej benzyny, charakterystycznego dla obskurnych stacji w latach osiemdziesiątych, i podczas tankowań zatykałam ostentacyjnie nos. Czerwony polonez ojca stanowił obiekt mojego kultu i czci. Dzień, w którym tato podjechał pod blok wyczekanym w Polmozbycie autem kupionym za dolary, pamiętam jako dzień objawionej jutrzenki: przyklejona do szyby od rana czekałam na rodzica (ale przede wszystkim na samochód). Następnie, przez długie tygodnie po obudzeniu najpierw biegłam do okna, by sprawdzić, czy stoi. Stał.

Czerwonym polonezem pojechałam z rodzicami na pierwszą wycieczkę zagraniczną. Odwiedzaliśmy ciocię na Zachodzie. Z tej podróży, w którą ruszyłam jako trzylatka, zapamiętałam na przykład ogromny jak ze snu, wielopiętrowy sklep z zabawkami. Na czterech, a może pięciu kondygnacjach znajdowały się wszystkie przedmioty świata w wersji zabawkowej, w wersji dostosowanej do dzieci, mniejsze, o łagodniejszych obrysach. Dla niedużej osoby, której wciąż pewien problem sprawiało wspięcie się na dorosłe krzesło, taki zbytek i bogactwo przedmiotów stworzonych tylko na jej potrzeby zrobiły wrażenie piorunujące i sprzeczne z naturą rzeczy. Pamiętam na przykład mleczną pianę na kawie, absurd sam w sobie: słodka pianka z czekoladową posypką na czymś tak niesmacznym, ohydnym wręcz – kawie – to nie może być prawdziwe. Pamiętam w końcu małe miasteczko przy autostradzie: stację benzynową z restauracją, sklepem i toaletami w osobnym budynku, gdzie w koszyczku, po załatwieniu się, trzeba było zostawić pięćdziesiąt fenigów.

Miasteczko stworzone tylko na potrzeby podróżnych. Nawet na potrzeby takich jak ja, których głowa jeszcze dość nisko wystawała zza kontuaru. Rozświetlone w środku nocy, wspaniałe i monumentalne. Z jasnym parkingiem, batonikami przy kasie, ach, tyle tych batoników, z panią w biało-błękitnej, pasiastej koszuli, w drucianych okularach, o twarzy babci z bajki o Czerwonym Kapturku. Miejsce lepsze, miejsce bezpieczne i syte. W środku cały świat, a na zewnątrz chłodna marcowa noc. Nie jakiś cepeen, na którym śmierdzi narozlewaną benzyną, z obskurną budką z okienkiem, w której siedzi facet, a najczęściej widać kartkę PALIWA BRAK. Na elektrycznym ruszcie obracają się kiełbaski, pani wrzuca marki do kasy, poprawia biały czepeczek na głowie:

– *Was darf es denn sein?* – pyta.

– *Ich möchte das Ei* – odpowiadam pewnie, bo już nauczyłam się prosić w niemieckim sklepie o ulubione słodycze z niespodzianką.

Umiem rozpoznać piktogram ze skrzyżowanymi sztućcami, ale nie śmiem prosić rodziców, byśmy zatrzymywali się na każdej stacji. Mam wielką ochotę krzyczeć: „Zajeżdżajmy, zajeżdżajmy, proszę!", jednak kiedy mijamy znak zjazdu, tylko odprowadzam go tęsknym wzrokiem. Opadam na moją stertę koców, która nagle wydaje mi się biedna, smutna, szara.

W czasach, kiedy mam trzy, sześć, a nawet trzynaście lat, z rodzicami nieszczególnie się dyskutuje. Zwłaszcza z ojcem. Jego bronią w moich próbach przekonania go do jakiejś idei (zakupu zabawki, frytek, wycieczki do wesołego miasteczka czy cyrku) jest arsenał zniecierpliwionych posykiwań albo zwyczajne udawanie, że mnie nie słyszy. W końcu kiedy wydobywa z siebie kłujące: „Co?!", milknę speszona i zazwyczaj nie proszę już o nic. W tych wspomnieniach zawsze odwraca się zniecierpliwiony w prawo, nie odrywając wzroku od drogi. Ja siedzę na tylnym siedzeniu, wyciągam szyję, nasłuchując jego odpowiedzi, po czym opadam zrezygnowana na kanapę, wzdychając prawie niezauważalnie.

W dniu, w którym odbieram prawo jazdy, dokonuję również zakupu swojego pierwszego samochodu. Kształtem przypomina polonez ojca, kolorem zaś – jego poprzedniczkę, granatową ładę, która miała skłonność do niespodziewanych samozapłonów. Granatowa corolla E11. Po uroczystym przelaniu sześciu tysięcy złotych na konto sprzedającej i podpisaniu umowy, wjeżdżam na Wał Miedzeszyński w wieczornym szczycie. Triumfalny przejazd zatłoczoną arterią, z liniami rozdzielającymi pasy między kołami, pobrzmiewa wkurwioną arią klaksonów doświadczonych kierowców, stłoczonych za corollą, próbujących mnie wyminąć. Jestem tak zdenerwowana i speszona, że zamiast mostem Łazienkowskim przekraczam Wisłę na Siekierkach.

Jeździć uczę się nocami. Poznaję wszystkie wylotówki, w kierunku Lublina, Krakowa, Gdańska, Poznania i Białegostoku. Krążę po Bemowie, lądując za Izabelinem w środku Kampinosu. Szukam końca Ursynowa za Lasem Kabackim. Uporczywie kluczę w okolicach Dziekanowa Leśnego, ale i Otwocka, Wawra czy Falenicy. Przemykam uśpionymi uliczkami podwarszawskich satelitów. Węzeł obwodnicy Warszawy jest jeszcze niegotowy, na Ursynowie zakręca na kształt laski starego człowieka i zamienia się w zatłoczoną, dość wstrętną drogę wielopasmową do Piaseczna i Grójca. Przy autostradzie A2 najbliższym benzynowym bizancjum jest miejsce obsługi podróżnych Brwinów. Dwie stacje, prawica i lewica, lustrzane odbicia naprzeciwko siebie. Boję się zapuścić dalej, pojechać i nie wrócić, zawsze wracam, bogatsza o dwie godziny ćwiczeń za kierownicą. W końcu zmieniam pas pewniej i bez lęku, przyspieszam, zawracam i wyprzedzam. Mogę już jeździć, mogę jechać dalej. Od pierwszych chwil ukochuję stan prowadzenia własnego samochodu, upajam się tymi godzinami za kierownicą, pieniądze rozrzutnie trwonione na wachę są mi najsłodszym wydatkiem. Nie mam mdłości, już się nie boję, nie skręca mnie na zapach świeżej benzyny, nawet po dwóch wypadkach, w tym jednym groźnym, wracam stęskniona na siedzenie kierowcy. Być może podobnie czują się biegacze, tacy wytrenowani, którzy opowiadają o haju, dopadającym ich po którymś wypoconym kilometrze. Na bieganie jestem zbyt leniwa, ale do tej pory czuję dreszcz ekscytacji na myśl o głupiej wyprawie do Tesco oddalonego o kilometr.

Bardzo cieszę się, że moje dzieci lubią jeździć ze mną. W rozświetlonych oczach syna, wpiętego w wysoki fotelik, widzę tę samą tęsknotę za momentalnie wytracanym krajobrazem. Normalnie ruchliwy, czasem marudny i wiercący się, zastyga, wklejony w widok za szybą auta. Lubi pociągi, dworce, lotniska i stacje benzynowe. Wszystkiego chce dotknąć i wszystkiemu się dziwi, a trochę zachwyca. Każda stacja benzynowa, każdy dworzec i lotnisko są podobne. Znajdują się na styku powtarzalności i ruchu. Dzieci kochają powtarzalność: pewną wizualno-sensualną rutynę, podobne smaki, oświetlenie i towarzyszące temu rytuały. Kochają i ruch: szalone parcie „tam", gdzieś, pozwala okiełznać przestrzeń, poczuć nad nią sprawstwo. Mój mąż, który najczęściej towarzyszy mi na siedzeniu pasażera, powtarza podczas naszych podróży, że chciałby tak ciągle jechać, ze mną i z dziećmi, nocą, gdzieś.

Wysypujemy się całą rodziną z niezgrabnego, kulistego minivana. Zapada zmrok, niebo okrywa różowo-fioletowa pianka zwiastująca nadejście mrozu. Postój na kawę i frytki. Budynek baru szybkiej obsługi jarzy się i mieni ciepłym, zapraszającym światłem. Do budynku, jak w spocie reklamowym, wbiega jako pierwszy podekscytowany syn. Po chwili, wtulony pod pachę ojca, je smażone ziemniaczki i ogląda bajkę o Bolku i Lolku. Na głowie ma przekrzywioną kartonową koronę z logo sieci barów. W nosidełku malutka siostra zadowolona pokwikuje, żując gryzak.

W oświetleniu jarzeniówek wszyscy wyglądamy trochę bardziej blado, bardziej ziemiście niż zwykle, ale i tak jest wspaniale.

Podmiejskie składy materiałów budowlanych

Wyjazd z dużego polskiego miasta bardzo często nie kończy się za zieloną prostokątną tablicą informacyjną z nazwą. Rozbudowująca się sieć polskich autostrad i obwodnic nie objęła jeszcze całego kraju. Wjazd na obwodnicę zazwyczaj zaczyna się niespodziewanie, miasto kończy się nagłym cięciem, a zaczyna gładka anonimowość wielopasmówki. Wylotówki przy drogach wojewódzkich przypominają rozlane bagna z niską zabudową, krajobraz rozorany bezwstydną reklamą wizualną: ESPERAL TANIO, PRZEDSZKOLE EDU-KACIK, KLINIKA MEDYCYNY ESTETYCZNEJ, SKŁAD BUDOWLANY, niespodziewana goła baba, SKŁAD BUDOWLANY, MINIATUROWY ZIKURRAT Z DACHÓWKI, bar z błotnistym parkingiem, WULKANIZACJA, SCHODY

I KUCHNIE NA WYMIAR, WEJDŹ, GLAZURA TYLKO 9,90 ZA METR, ROWERY. Wzrok przykleja się do tych napisów, do tych logotypów, MODA MĘSKA XXXXL, do czerwieni, rozbuchanych przejść kolorystycznych i siatek banerowych. Trudno nie kręcić głową na boki, nawet jeśli prowadzi się samochód. Może uda się dostrzec kolejne kuriozum, kolejną wskazówkę do rysunkowej zagadki krajobrazu Europy Środkowo-Wschodniej.

Z upływem lat polskiej wolności rynkowej rozszalały podmiejski kapitalizm nie cichnie, nie nabiera minimalistycznego sznytu, jak chcieliby tego wielkomiejscy dizajnerzy, łowcy ładnych czcionek, miłośnicy tablicowej farby i peerelowskiego modernizmu. Dziesięć lat temu pracowałam w dziale handlowym firmy reklamowej, często wyjeżdżaliśmy na branżowe targi. Jeden z moich współpracowników, młody sales-rep, wpadał w aucie w stan radosnej, dziecięcej głupawki. Czytał każdy przydrożny napis, który znalazł się w zasięgu jego wzroku: KURCZAK. WYPOŻYCZALNIA PRZYCZEP. BLACHA FALISTA. SZAMBA. Hi, hi, hi. Gdybym woziła go dzisiaj po okolicach Rembertowa czy Anina, nie nadążyłby, pewnie dostałby zawrotów głowy i w końcu zamilkł.

Gipsowo-kartonowa, szmatława dekoracja. Kakofoniczny utwór z repertuaru awangardowego kompozytora, którego metodą twórczą jest brak jakiejkolwiek metody. Po jakichś pięciu minutach okazuje się, że dysonanse są powtarzalne – mały dom pomalowany na jaskrawożółto z napisem AKUPUNKTURA – kaskady tonów wracają, zapętlają się, rytm, o zgrozo, klaruje się, wkrada się tercja, kwinta – SKŁAD BUDOWLANY, SKŁAD BUDOWLANY – awangardzista pogrąża się w nienawiści do siebie, jego system wprowadzania słuchacza w błąd zawodzi, klucz znajduje się na regale – blaszak z napisem AUTOELEKTRYKA – KEBAB – SKŁAD BUDOWLANY, SKŁAD BUDOWLANY.

Polska podnosi się z ruin, domy budują się, składy budowlane prosperują. W sezonie letnio-remontowym widzę zatłoczone parkingi pokryte podmiejskim kurzem, rodziny masowo udomawiają i kolonizują kolejne podmiejskie latyfundia, grunty rolne przekształcone w uzbrojone działki. Rozmawiają o podatku od nieruchomości, gresach i paniach z magistratu, żrących czekoladki leniwych krowach, które jeden papier z pieczątką generują cały kwartał. „Rozumiesz, kwartał! Miesiąc taka Jadźka podchodzi do swojej drukarki!”. Zatrzymuję się na jednym z parkingów i nasłuchuję strzępków rozmów, skręcając się ze smutnej zazdrości o nieruchomość z przeznaczeniem pod zabudowę jednorodzinną.

Przedmieścia nie bolą mnie ani nie kłują. Lubię mijać je nocą, kiedy owinięte są jasną łuną ledowych reflektorów i żółtawą poświatą latarni. Tak spokojne, wszędzie podobne, zawsze takie same, kojące discopolowe hymny o zaradności, przedsiębiorczości i skonsolidowanych pożyczkach w tonacji ostry C-dur.

Mijam małe, przedwojenne jeszcze albo tużpowojenne mazowieckie domki. Nie mają więcej niż pięćdziesiąt, sześćdziesiąt metrów kwadratowych, kuchnia zazwyczaj jest w dobudówce. Te zadbane, z odświeżoną elewacją i wymienionymi oknami świecą fosforyzującą żółcią, zielenią albo nieco wstydliwym łososiowym odcieniem, przypominającym gołą dupę wyłażącą ze spodni spoconego faceta z nadwagą. Schludne obejścia, rabatki, wiadro, kosiarka, domek narzędziowy, jakiś bliżej niezidentyfikowany mały kurnik.

Żeby chociaż domek, jakiś mały domek. Żeby był tylko nasz i można było w nim prowadzić te niekończące się rozmowy o remontach i przekształceniach gruntu. Nawet taki malutki, skromniutki. Zmieścilibyśmy się w takim kurniku, półdomku – bo kształtem przypomina przecięty na pół dom właściwy, z prostopadłościenną bryłą i skośnym dachem. Albo gdybyśmy sami zbudowali taki domek, jak w prospekcie dla aspirującej klasy niższej średniej, niewielki, drewniany, gotowy. Całoroczny. Przywożą na miejsce drewno, a potem składają w parę dni. Moglibyśmy w tym domku w końcu zacząć życie naprawdę, bez ściemy. Dorosłe życie. Nie kolonizowalibyśmy wynajmowanych mieszkań, rozprzestrzeniając się jak niesforne bakterie, wylewając z tanich mebli, bo przecież drogich nie kupimy, bo to tylko na chwilę, dopóki nie zmienimy zdania albo dopóki nas stać. Oznaczałoby to jednak uznanie swojej sytuacji, podjęcie pewnych ważnych decyzji, takich jak pozostanie w nieraz nudnej i stanowiącej niewielkie wyzwanie pracy albo imanie się zleceń przynoszących pieniądz, ale nie chwałę. Przecież nawet tak nie umiemy. Bezradnie miotamy się po wolnorynkowej rzeczywistości, wydając wszystko, co uda się zarobić.

Ściska mnie w dołku, kiedy myślę o przyszłości. Natychmiast przypominam sobie, kiedy kilka dni wcześniej zazdrościłam nieruchomości pewnej młodej i pięknej kobiecie w ładnym nowym domu, wśród gustownie dobranych mebli, pachnących nowością książek i kanap. Żaden mazowiecki półdomek, wstydliwa mrzonka, której i tak niedane będzie mi spełnić. Tamten dom był okazały, nowoczesny i piękny. Z mojej pensji taki dom spłacałabym przez dziewięćdziesiąt lat. Młoda piękna kobieta rozmawiała ze mną pogodnie i miło, proponując kawę, gdy wymieniałyśmy uwagi o dzieciach. Kupowałam zestaw drewnianych zabawek, wszystkie miały porządne, fabryczne pudełka, niezgniecione niecierpliwymi łapkami, niepodarte, niemal nietknięte.

– Nie chce się nimi bawić. – Uśmiechnęła się kobieta, wskazując głową róg salonu, gdzie znajdował się jedyny chaotyczny punkt w tym dopracowanym, minimalistycznym wnętrzu: dziecięcy namiocik wypełniony wylewającym się zwałem plastikowych klocków, autek i błyskających, jaskrawych przedmiotów, o których wiedziałam, że wydają zatrważające dźwięki. – Woli plastiki, najlepiej takie, które grają.

Przyglądałam się domowi z podziwem, onieśmielona urodą młodej mamy, a gdzieś w okolicach wysokich partii brzucha pęczniała mi dziecięca prawie zazdrość, kłucie o smaku musztardy. Zaczęłam wstydzić się poplamionych spodni, dziury w skarpetce, brudnego samochodu, którym zastawiłam jej podjazd, brzucha niepokojąco wylewającego się zza paska. Gdzieś w tle zapłakał dwulatek, w końcu wyłonił się, gniewny, u szczytu schodów, z wykrzywioną i niezadowoloną twarzą, dzierżąc w dłoni spory smoczek. Kobieta podbiegła do niego lekko, aż wstrzymałam oddech, taka była zwinna i delikatna. Zniosła synka na dół – dziecko powrzaskiwało i wyrzucało ręce w stronę kuchni, gdzie pośpiesznie się udali. Po chwili matka wróciła do mnie, stojącej bez butów, ale w kurtce, w rozległej przestrzeni salonu. Malec tkwił na jej biodrze. Był jeszcze zagniewany, z ustami zaciśniętymi wokół słomki kolorowego bidonu, wydawał skrzekliwy okrzyk sprzeciwu, za każdym razem, gdy młoda kobieta próbowała mi coś powiedzieć. Zazdrosny, czujny, wszelkimi dostępnymi sposobami broniący międzyludzkiego dostępu do swojej słodkiej pięknej mamy, mały strażnik domowego porządku. Na twarzy skandynawskiej blondynki o efektownej, chłodnej urodzie zagościł niebieskawy cień – cień rozczarowania, że znów się nie udało, że wymarzona interakcja dwóch kobiet o zbliżonych, chociaż nieco różnych sytuacjach życiowych po raz kolejny nie doszła do skutku. Zrazu cały dom wypełnił się tym cieniem. Słońce, do tej pory radośnie pląsające po starannie umytym oknie w salonie, schowało się za zachmurzeniem średnim, a białe ściany poszarzały. Mały zaczął skrzeczeć jeszcze głośniej, jeszcze bardziej zazdrośnie i wrogo. Pożegnałam się pospiesznie i wyszłam. Trudno było mi zaakceptować tę niespełnioną tęsknotę, którą zobaczyłam w oczach przypadkowej kontrahentki z serwisu bezpłatnych ogłoszeń. W połączeniu z moją zazdrością o nieruchomość, z zawstydzeniem własnym niechlujnym jestestwem, stworzyła ciężki do rozwikłania dysonans.

Wsiadałam do samochodu, wysmarowanego dziecięcą materią, na którą zazwyczaj składają się wżarte w deskę rozdzielczą okruchy drożdżówki, archipelagi plam z mleka na tapicerce i dywanikach, brudne smoczki, paragony i papierki po batonach musli. Byłam sama. Córka została z opiekunką, a syna miałam właśnie odebrać z przedszkola.

Z kiepsko wyrównanej drogi, przy której znajdował się piękny nowy dom o modernistycznej bryle, którego drzwi przed chwilą zamknęła skandynawska blondynka, skręciłam w drogę wojewódzką. Zanurzyłam się na powrót w upstrzony kolorowymi szyldami, szarzejący od nagłego zachmurzenia pejzaż.

Zdjęcia
postarzone filtrem

Zdarzają się dni, kiedy mój syn zastyga sam w kącie, zaciskając paluszki na jakiejś zabawce. Zastyga, a wzrok ma przeszklony i nieobecny. Albo czasem przystaje w progu pokoju, gdzie zajmuję się jego siostrą. Nie odrywa ode mnie wzroku przez kilkadziesiąt sekund. Wpadam w cichą, poskramianą panikę i natychmiast próbuję odwrócić jego uwagę, idiotycznie rozśmieszyć i wytrącić z tej nagłej osobności.

Bardzo boję się konsekwencji projektowania na dzieci własnych emocji i przeżyć z dalekiej przeszłości, dlatego nie chcę pisać, że syn jest wtedy smutny, przestraszony czy wyalienowany, ale tak to trochę wygląda. Dokonuję szybkiego rachunku sumienia: czy to ta kłótnia z mężem, którą słyszał? Czy może właśnie zdał sobie z czegoś sprawę? Czy dosięgnął go jakiś kłuj, jakaś prawda o rzeczywistości, której poznać nie powinien? Proszę, jeszcze nie teraz, nie tak szybko, na Boga.

Wytrącam go z jego osobności, potrząsam naczyniem, twarzą, tak śmiesznie jak buldog, tak strasznie chcę, byśmy znaleźli się na powrót na jednym ze zdjęć postarzanych filtrem, na jednym z kadrów w moim telefonie komórkowym.

Jest ich bardzo dużo, tych zdjęć. Robię je za każdym razem, kiedy moment, w którym wszyscy się znajdujemy, jest zabawny czy wzruszający. Mimochodem dbam o kompozycję, o to, by nie znajdował się na nich żaden zbędny przedmiot, by komunikat na zdjęciu był czytelny i pewny siebie.

Syn na placu zabaw w śmiesznej czapce, uśmiecha się szeroko. Jest jak przekrojona pomarańcza albo arbuz: słodki, zapraszający, okrągły.

Znowu syn na placu zabaw. Jeśli jest brudny, to tylko na jednym kolanku, szybko szukam światła, w którym wysmarowane spodenki wyglądają jak wytarte, co najwyżej. Albo inne: mały bawi się w kałuży koło domu. Siedzi w niej z rozrzuconymi nogami, taplając w brudnej wodzie swoje autka. Pilnuję, by w kadrze znalazło się malowniczo kwitnące drzewo, błoto i piękno, taka ze mnie nowoczesna i wyluzowana matka, daj dziecku radość płynącą z błota, a wszystko ze słonecznym, ciepłym filtrem, charakterystycznym dla pożółkłych odbitek Kodacolor sprzed trzydziestu lat.

Ujęcie w salonie – mały bawi się wieżą stereo, zabawnie wspinając na palce. Zanim nacisnę wyzwalacz w smartfonie, nogą usuwam z kadru porozrzucane zabawki i niedbale ciśniętą na ziemię piżamę mojego męża. Staranny kurator rodzinnej dokumentacji dba o estetykę ujęcia, by zdjęcia zupełnie mimochodem przypominały na przykład te z blogów o wyposażeniu i stylizacji wnętrz.

Obejrzałam w życiu tyle fotografii, ba, oglądam je codziennie, łapczywie, w ilościach nieprzyzwoitych. Oglądam blogi i strony poświęcone wnętrzom nałogowo, tak jak młodzi mężczyźni oglądają filmy pornograficzne. Podobnie jak widok równych rzędów produktów na półkach w centrum handlowym, ład i cisza wypływająca z tych jasnych, precyzyjnie wyreżyserowanych fotografii uspokajają mnie i napełniają głupawym, słodkim powietrzem.

Na przykład zdjęcie sypialni, gdzieś w Sztokholmie czy Ottawie: jasne ściany, rama łóżka z surowego drewna, wysoki materac. Spiętrzone apetycznie poduszki z grubej szarej dzianiny. Jeden kolorystyczny akcent: wesoły modernistyczny plakat. Piony, poziomy, równowaga.

* * *

Niewielki postmodernistyczny prostokącik kuchni w nowojorskim ciasnym mieszkanku, bo tylko w Nowym Jorku mieszkania mają prawo być ciasne. Kontuar z lśniącej płyty MDF zwieńczony drewnianym, grubym blatem. Półka z odzysku, która wygląda drogo, ale kosztowała dziesięć dolarów na pchlim targu. Żadnych porozrywanych opakowań z kaszką, żadnych upstrzonych brudem kątków i zarośniętych kurzem szafek. Solidny emaliowany zlew. Makatka z Polski, makatka polskiej babci z lat pięćdziesiątych, zepchnięta do roli egzotycznego gadżetu, przypominającego jednak o korzeniach, o rodowodzie prosto ze statku „Stefan Batory".

Zdjęcie całej rodziny, wychodzimy z Biedronki. Na moich kadrach w telefonie zawsze jest złota godzina, ten czas latem, w którym światło jest najłaskawsze i ciepło rozmyte, cienie są długie, a każdy jest młodszy średnio o siedem lat. Wychodzimy w złotą godzinę z Biedronki, dyskont też może być przykryty złotem godziny, złotem pokryte nasze zakupy, od razu wyglądają na droższe i smaczniejsze. Na zdjęciu, na *family selfie* uśmiecham się półgębkiem, niby szczerość, ale trochę takie oczko puszczam do widza. Patrzcie, oto znoje i trudy rodzicielstwa pod Biedronką. Dobrze, by w kadrze tym razem znalazł się jakiś okoliczny żul, by przydać złotej godzinie tak zwanego kolorytu reporterskiej prawdy.

Jestem surowym kuratorem rodzinnych kadrów, dlatego że kadry te dokumentują stan szczęścia. Stan głupawego, różowego powietrza, pełnego baniek mydlanych i pyłków z drzew liściastych. Chwile, w których jest zabawnie i miło, może nie tak, rozumiecie, mainstreamowo, trochę biednie, a trochę bogato, trochę naprawdę, a trochę nierealnie. Przede wszystkim chodzi mi o ciszę. Z tych kadrów ma bić cisza, ma uderzać, ma zasnuwać, jeśli z tych kadrów ma wypływać jakikolwiek dźwięk, to ma być delikatnym szmerem wysokich liści na lipie rosnącej przy ulicy, cichutkim gaworzeniem mojej córki z pokoju obok, uspokajającym szumem silnika, dźwięki mają zbliżać się do ciszy, dążyć do niej jak do napisów końcowych. Nie może być na nich niepokojącego warkotu urządzeń elektrycznych – telewizorów, kosiarek, lodówek, cykliniarek – z ostrą i przenikliwą, charakterystyczną dla takich warkotów wysoką częstotliwością, nie może być na nich krzyku, zgrzytania zębami, kłótni, kaszlu chorego dziecka. Nie może być mojego podniesionego, płaczliwego głosu, który syn nagrywa przypadkiem, bawiąc się telefonem. Płaczliwy, wysoki głos, doprowadzony do ostateczności, grożący i błagający równocześnie, nieprzyjemny jak ostre szkło, jak kawałek lodu. Może być mój głos, ale spokojny, niski, niemal radiowy, taki, którym mówię, kiedy jestem jak moje zdjęcia: pełna tego badziewia z dmuchawców, unoszącego się wewnątrz i na zewnątrz, spokojna i pewna. Kiedy moja rodzina jest nudna do porzygu, szczęśliwa jak wszystkie podobne do siebie szczęśliwe rodziny na całym świecie, biedne i bogate, rodziny, które robią rzeczy razem w tym właśnie momencie.

Syn wspina się na kolumnę głośnikową, z głośników płynie jakiś John Lee Hooker albo Animal Collective, szkoda, że tutaj Was nie ma, bo dźwięk jest doskonały i dyskretny (to świetna, audiofilska marka), a syn zabawnie dokazuje, próbując dostać się na drewniany i kosztowny kubik. Na zdjęciach wszystko jest udomowione, skolonizowane i – co więcej – w użyciu, nie tak jak w tych w oczywisty sposób ustawionych fotkach z blogów o stylu życia i pseudominimalizmie za cztery średnie krajowe.

Oglądam te moje albumy w telefonie, moje głęboko skrywane skarby i czuję się zażenowana swoim uciekaniem od rzeczywistości, swoim pociągiem do kłamstwa i kadrowania. Jednak nie przestaję oglądać, przesuwam palcem po dotykowym ekranie i kasuję zdjęcia, na których wyglądam grubo, co za próżna suka.

Mój syn zastyga w drzwiach wpatrzony we mnie, ale nie, nie we mnie, bardziej w moją stronę, bardziej przeze mnie niż we mnie, zastyga w nagłej nieobecności i to może nie znaczyć kompletnie nic, poza tym, że zastygł, tak wielu ludzi, dorosłych i małych zawiesza się, odpływa na chwilę.

Jednak boję się, że może ma w sobie ten zadzior, ten dysonans, który czuję, że mam i ja sama, jego matka, mamuśka,
krew z krwi.

Bardzo mu tego nie życzę, ale nic nie mogę z tym zrobić.

Chłopiec
w niebieskiej
koszulce

Zazwyczaj syn jest głośny. Ruchliwy i nieustraszony. Dopiero kiedy ma jakieś dwa i pół roku, zaczynam zauważać, że okazuje mi, matce, uczucia w sposób specyficzny i rzadki. Nie przytula się do mnie ani nie wpatruje z zachwytem. Koleżanki i kobiety z forów internetowych z czułością wspominają pierwsze „kocham mamusię" i lepkie, małe rączki zarzucone dookoła szyi. Mój syn nawet na mnie nie patrzy, chociaż umie już dać buziaka i podać z poważną miną rękę. Dochodzę do smutnego wniosku, że jestem dla niego czymś w rodzaju ruchomego obiektu, który obsługuje, ubiera i karmi. Więcej afektów otrzymuje ukochany tato. Kiedy rodzi się siostra, mały przestaje zauważać mnie na jakieś trzy miesiące. Przestaje też mówić, chociaż do tej pory i tak mówił niewiele. Jest lato, w gondoli wierzga świeże niemowlę, a mój dwuipółletni syn spędza dni ubrany tylko w kalosze i pieluchę. Straszliwy wrzask towarzyszy próbom zmiany tego stroju, dziecko z wyciem wybiega na klatkę schodową i kładzie się na wycieraczki sąsiadów, waruje przy drzwiach wyjściowych, a na podwórku wspina się na wysoki płot okalający posesję. Któregoś razu zaniepokojona sąsiadka wzywa policję, która sporządza notatkę służbową. Nie maltretujemy dziecka, nie nosi wyraźnych śladów zaniedbań. Syn jest krzepki i sprawia wrażenie dobrze odżywionego, ma tylko mocno pogryzione przez komary nogi i ręce. Kiedy Witek zaczyna donośnie zawodzić przy policjantach, kładąc się na ziemi i uderzając rękoma o parkiet, funkcjonariusze pospiesznie się oddalają, mamrocząc coś o pomyłce i bezstresowym wychowaniu, którego konsekwencje odczuwać będziemy przez całe życie.

Na spóźnionym o prawie dziewięć miesięcy bilansie lekarskim dostajemy skierowanie na badania. Podczas bilansu mały nie daje się zważyć ani dotknąć. „To bunt dwulatka" – wyjaśnia pediatrze mąż, który przyszedł z synkiem do gabinetu. Młody jest w kaloszach, koszulce i pieluszce. Ja nie chodzę z małym do lekarzy już od jakiegoś czasu, ponieważ tylko przy ojcu udaje się czasem synka osłuchać i zajrzeć mu w ucho.

Po jakimś czasie wychodzimy w czwórkę z kolejnego już gabinetu, z grubą teczką pod pachą i rozkrzyczanym synkiem za rękę. Zatem jest to ten zespół, o którym mówią, że nie jest chorobą, a zaburzeniem, a którego nazwa przywodzi na myśl łzawe amerykańskie filmy o zdeterminowanych rodzicach, rodzicach pełnych woli walki. Dziecko zawsze jest jakoś w tle, pozornie na pierwszym planie, ale w tle, bowiem uwaga skupia się na rodzicach, niezmiennie uśmiechających się przez łzy i mówiących nienaturalnie głośno: „Nasze dziecko, nasz synek", albo: „Kochanie, uda się nam". Dzieci zajmują się głównie spokojnym układaniem autek w rzędy i szeregi, pisaniem niewprawną rączką cyferek albo kręceniem plastikowego talerzyka po podłodze.

A więc to to, a więc to tak. Może to przez szczepionki albo ten okropny poród, może to przez zimną matkę, nasze kłótnie. Dzwonią telefony, bliscy i dalsi ludzie wokół nas znają odpowiedzi na pytania, na które nie są w stanie odpowiedzieć nam nawet (natychmiast zatrudnieni za ciężkie pieniądze) terapeuci syna. Słuchamy tych teorii, tych podejrzeń i spisków z coraz gorzej skrywaną złością. Gluten, cukrowy haj, przetworzone jedzenie. Borelioza. Permisywne wychowanie. Neuroprzekaźniki. Znachor spod Grudziądza.

Odpierdolcie się, myślę w duchu i kucam przy synku, który na podłodze bawi się klockami, a pod nosem mamrocze listę dialogową z kreskówki *Auta*, którą po trzech obejrzeniach jest w stanie odtworzyć z pamięci z zachowaniem odpowiedniej intonacji. Nie potrafi jednak odpowiedzieć na pytanie, jak się nazywa ani ile ma lat. Przytulam go i całuję w ciepłe czółko. Mały nieszczególnie reaguje, tylko odpycha mnie lekko zniecierpliwioną łapką. Wieczorem, kiedy kładę go spać, szuka pod kołdrą mojej ręki i przesuwa ją sobie pod głowę. Zastygam przy nim, nad ranem budzę się skulona w jego łóżeczku, w ubraniu i ze sklejonymi powiekami.

Odpierdolcie się, myślę w sklepie, kiedy młody kładzie się na podłodze i odmawia wyjścia, jęcząc przy tym gniewnie, a mnie dosięga wzrok okolicznych supermatek i superbabć, superdziadków i superludzi, którzy nigdy by na coś takiego nie pozwolili. Wynoszę wierzgającego Witka na zewnątrz i zanoszę do domu, licząc pod nosem kroki: osiemset dwadzieścia sześć do furtki prowadzącej na posesję. Osiemset cztery, osiemset pięć, pisk synka, którego usta znajdują się właśnie na wysokości mojego ucha, głuchnę na chwilę, osiemset sześć, osiemset siedem, Witek prawie zsuwa mi się z rąk, wyginając w sztywny łuk, łapię go w ostatniej chwili, osiemset osiem. Zza mojej, zza naszej udręki z trudnym dzieckiem powoli wyłania się obraz jego cierpienia, jego próby nawiązania kontaktu ze światem, ze światem, którego nie rozumie, ale najgorsze, najparszywsze – ze światem, który nie zawsze chce zrozumieć jego, tylko ocenia, karci, poucza, nieudolnie formuje i wiedzie na manowce. Witek jednak wciąż jest Witkiem, który uwielbia jazdę samochodem i wizyty w galeriach handlowych, który na swoim rowerku jeździ najszybciej ze wszystkich dzieci na podwórku, który maniakalnie uwielbia się huśtać, kocha łaskotki i przepada za pewnym kreskówkowym królikiem.

Kiedy rano nie chce się ubierać do przedszkola, pytam go, kładąc na dwóch rękach dwa różne tiszerty.

– Który chcesz nałożyć, Wituś? Którą koszulkę wybierasz? – mówię głośno i wyraźnie, zupełnie jak rodzice w tych tandetnych amerykańskich filmach, *true story*. – Którą koszulkę dzisiaj założysz?

– Nie. Bieską – zawsze odpowiada Witek i wcale nie awanturuje się przy ubieraniu. – Niebieską. Niebieski.

To jego ulubiony kolor.

Dziewczynka
umorusana
trawą

Kiedy ma rok, nie potrafi jeszcze chodzić. Umie za to zejść tyłem, na raczka po schodach prowadzących z tarasu do ogrodu. Schody są dwa.

– Mamama – mówi rozpromieniona i co jakiś czas odwraca się w moją stronę, energicznie raczkując w stronę żywopłotu.

Córeczka, mój pocisk, moja rakieta. Gdzieś w internecie czytam zwierzenia, wklepywane w ekran ciemną nocą, że miłość do niektórych dzieci przychodzi od razu. Witają radośnie świat, płaczą, kiedy są głodne, śmieją się, gdy im wesoło, zasypiają zmęczone. Czytając córkę, czytam podręcznik rozwoju dziecka, spokojna, bez strachu. Tak jak uczyłam i uczę się synka, trochę podstępem, a trochę przemocą, tak córka uczy mnie sama, ufnie łapie mnie za rękę i mówi:

„Chodźmy tam, zobacz". Zaczynają docierać do mnie informacje z wnętrza mojej głowy, o których istnienie nigdy bym się nie podejrzewała, informacje, że potrzebuję się w dzieciach zatracić, że potrzebuję zanurkować w nich, zawiesić świat na kołku, poświęcić się, ale bez poświęcenia, z przyjemnością. Nie wiem, na ile to przyzwyczajenie, na ile drugie dziecko, a na ile żywotny, acz ugodowy charakter córeczki.

Mówię do męża:

– Czy ty wiesz, że zaczynam rozumieć tę potrzebę bycia z dziećmi w domu, tę potrzebę obserwowania ich, zrezygnowania z pracy, tłumaczenia wszystkiego dzieckiem, dziećmi, dla dzieci i przez dzieci?

– Czy to oznacza, że przestaniesz narzekać? – odparowuje mąż, chociaż wie, że nie przestanę.

Dorotka, Doroteczka. Płaczę ze wzruszenia, kiedy buńczuczny Witek podchodzi do niemowlęcego łóżeczka i cieniutkim głosikiem kwili: „Dzidzia, dzidzia". Dorotka, Doroteczka, złota kulka, pulchny racuszek otwiera oczy i uśmiecha się do brata, który za chwilę, za momencik dosłownie dostanie specjalny papier z urzędu, papier mówiący o tym, że będę mogła już parkować na niebieskiej kopercie, oczywiście po złożeniu stosownego podania. Papier ten oznacza możliwość, że syn nigdy nie założy rodziny z uwagi na swoją neurologiczną kondycję, germańsko pobrzmiewający zespół cech, ale przecież, no halo, nawet bez papieru mógby okazać się niemiłym skurczybykiem, którego żadna normalna kobieta, czy tam facet, nie zechce.

Dorotka, Doroteczka. Wsiąkam w nią, poprzez nią, za jej świętym wstawiennictwem, chociaż czasem wciąż zamykam się w łazience, a w samochodzie na samotnych zakupach wrastam w fotel jeszcze długo po tym, jak załaduję wypchane siaty do bagażnika.

Dorotka biegnie do mnie od progu. Wiem, że czekała.

Serwisy darmowych ogłoszeń i transakcji bezgotówkowych

Dzieci generują nieprawdopodobną liczbę wydatków. Kosztują same przedmioty i usługi, wielo- i jednorazowe: pieluchy, mleko, produkty spożywcze, buciki, ubranka, zabawki, wózki, chusteczki wilgotne i suche, szmatki do ścierania odbeknięć, szaliczki, wiecznie zaginione rękawice, foteliki do auta, antybiotyki, inhalatory, wysokie krzesełka do karmienia, żłobek, komitet rodzicielski, sanki, niania, zniszczone w ferworze zabawy komputery i smartfony, pranie kanapy, materaca, wynajem lub kupno odpowiedniego mieszkania, prezenty na kinderbale, sale zabaw, fizjoterapeuci, logopeda, psycholog wczesnodziecięcy, szczepionki skojarzone, obowiązkowe i zalecane, kremy ochronne i przyspieszające gojenie odparzeń, lato i zima w mieście, wakacje dla czterech osób, gofry na deptaku, parasolka z Elsą i Zygzakiem, kremy z filtrem 50+, piłka, dmuchany basen, kaszka błyskawiczna.

Kosztuje też działanie w niedoczasie, w pośpiechu. Kosztuje czas niepoświęcony na szukanie najtańszej oferty, największej obniżki, kosztuje nieprzezorność w zaopatrywaniu dzieci w okrycia zimowe na przyszły sezon podczas styczniowych wyprzedaży, kosztuje pospieszne naprawianie samochodu w najbliższym warsztacie, na najbliższy termin, a nie u pana Jacka, który jest wprawdzie tani i uczciwy, ale obłożony robotą przez najbliższe dwa tygodnie. Kosztuje terapia małżeńska (dwieście złotych za spotkanie), potrzebna choćby *pro forma*, by przekłuć bańki narosłych w niedoczasie pretensji i zawiedzionych oczekiwań względem partnera.

Z przegródki „księgowość osobista" znikają pojęcia takie jak oszczędności, lokata, fundusz emerytalny. Pojawiają się: debet, karta kredytowa, sprzedaż ratalna. Nawet ci sprytni ekorodzice, którzy w śniadaniowych telewizjach postulują ograniczanie potrzeb, życie w zgodzie z Matką Ziemią czy wydłużone karmienie naturalne, oni płacą za wszystko swoim czasem. Piszę – rodzice, ale wiadomo, że chodzi o matki. Świadome matki, które zrezygnują z pracy, by wypełniać piaskiem stare plastikowe butelki. Matki, które będą uczyć dzieci metodą domową, będą rozwijać ich kreatywność w pobliskiej kałuży i muzeum regionalnym. Do tych matek, tych sprytnych rodziców, odwróconych od mainstreamu, skierowana jest również osobna oferta marketingowa. Drewniane klocki za dwieście złotych, ekologiczny gryzak za osiemdziesiąt, warsztat *Pogódź się ze swoją wewnętrzną Matką Polką i zostań nowoczesną ekomamą* (pięćset złotych za osiem godzin, dyskretna salka do karmienia niemowląt i dzieci). Dwie matki kłócące się w internecie, czy należy odkładać niemowlę do leżaczka, czy nosić w chuście, one dwie ostatecznie i tak wydadzą te dwieście, czterysta czy sześćset złotych na jedno albo drugie. Obie stracą też ten czas poświęcony na kłótnię i intensywne myślenie o problemie, czas, który mogłyby wykorzystać na rozkoszne podglądanie własnego dziecka w zabawie, czas, który mogłyby przeznaczyć na przeczytanie książki, na tańczenie boso w ogrodzie, na fajkę, na odpoczynek, na bycie człowiekiem. Ja sama często nie chcę i nie lubię pamiętać o byciu człowiekiem, wypełnianie marketingowego skryptu jest łatwiejsze i karmi mnie emocjami, które wystarczają na jakiś czas, zagłuszając tęsknoty.

Jednak nowi przyjaciele: debet, karta kredytowa i zakupy ratalne, skłaniają mnie do poszukiwania tańszych, a może nawet najtańszych, gospodarnych rozwiązań. Przeczesuję serwisy ogłoszeniowe i grupy internetowe poświęcone transakcjom bezgotówkowym. Pogrążam się w ofertach, jakbym nurkowała w głębokim basenie. Mieszkania, meble, maty edukacyjne. Złej jakości fotografie z telefonu, skok na główkę do obcej szafy, szuflady czy na pawlacz. Zdekapitowane przedmioty przesycone znaczeniem, znanym tylko ich właścicielowi. Porządnie skatalogowane archiwa niechcianej tożsamości. Mężczyźni sprzedają lub wymieniają samochody, sprzęt elektroniczny i muzyczny. Nie kłopocą się babskim barachłem, zawartością szufladek w regale, starym kuflem z napisem FAXE, sztuczną biżuterią, zaśniedziałym pierścionkiem, bluzką z niemodnym kołnierzykiem. Kobiety wymieniają i wyprzedają drobnicę: używany laktator, dziecięce ubranka, kolczyki z paciorków, portmonetki, skośnie szytą spódniczkę, a nawet napoczętą paczkę makaronu. Oferują sobie wzajemnie drobne usługi: malowanie i zdobienie paznokci, doklejanie rzęs, skubanie brwi, masaż. Co jakiś czas wybucha publiczna internetowa kłótnia o spodnie, które okazały się dziurawe, o sweterek zaciągnięty na samym środku, o brudny kombinezon, ktoś nie przyszedł na umówioną wymianę i nie odbierał telefonu. „NIE POLECAM GRUPOWICZKI, NA BRUDNYCH MAJTKACH CHCE ZROBIĆ INTERES ŻYCIA".

Za schludnie skatalogowanymi przedmiotami na wymianę i drobną sprzedaż chowają się różne historie. Uderzają mocno i bez litości, nawet jeśli te historie sama sobie dopowiadam. Historie te mogłyby być moimi własnymi, uklejone są z lęków, wspomnień z dzieciństwa, rodzinnych skryptów, z lęku o biedę i bezdomność, z poczucia winy o niewystarczającą zaradność. Matka dwóch małych chłopców, która straciła pracę w pierwszej ciąży, a której mąż stracił szacunek do jej bujnych, matczynych kształtów i od pewnego czasu wydziela jej tygodniowo pięćdziesiąt złotych na zakupy i jedzenie. „Darmozjadzie! – krzyczy w kłótni. – Jak ty wyglądasz! Jaki tu jest syf, całymi dniami siedzisz w domu, mogłabyś ogarnąć ten bajzel". Kopie wściekły porzuconą na środku pokoju ciężarówkę, nakłada kurtkę i wychodzi na piwo. Wytrzymać w tym syfie nie sposób! Jak pięćdziesiąt złotych ma wystarczyć na pieluchy dla młodszego i na składkę do przedszkola? Kobiety to królowe zaradności, ukrywające przed zadowolonymi z siebie polskimi mężami chwilówki wzięte na zapłacenie rachunku i adidasy dla dziecka, ukrywające przed nimi prawdziwą cenę sukienki kupionej w chwili słabości, ale też realny koszt codziennego życia, jego wykonawczy ciężar, spoczywający na babskich ramionach. „Ja do MOPS-u po prośbie chodzić nie będę! – oburza się honorny ojciec rodziny, zasiadając przed telewizorem. – Naucz się w końcu gospodarować pieniędzmi, a nie narzekasz, że mało, ciągle mało! Ręce po łokcie urabiam, o patrz, jak mi drzazga weszła, jak wczoraj palety nosiłem". Do MOPS-u idzie więc kobieta, to ona staje w ogonku i wypełnia skrzętnie pięćdziesiąt podań, to kobieta idzie do banku żywności, by przebierać w ulęgałkach, to kobieta też inwentaryzuje i wydaje przedmioty, które mogą mieć jakąkolwiek cenę, jakieś przełożenie na zawartość garnka z rosołem i dziecięcego tornistra.

Z meblościanek i komódek wylewają się kobiece dobytki, festiwale sztucznych tworzyw i syntetycznych tkanin, napoczętych kosmetyków, zwietrzałych perfum. Zdjęcia bez postarzającego filtra, wybladłe, rozpikselowane i ziarniste.

Co jakiś czas w serwisie ogłoszeniowym w dziale Wymiana / Za darmo albo w grupie internetowej pojawia się szybki apel. Brzmi on zawsze podobnie:

„Posprzątam na Woli w zamian za jedzenie dla dziecka".

„Usługi fryzjerskie, Białołęka. Ostrzygę w domu, koloryzacja, paznokcie. Niedrogo albo za słoiczki Rossman Babydream".

„Przedłużę paznokcie hybr., zaopiekuję się drugim dzieckiem u siebie w domu. 5 zł / godzina".

„Mąż, złota rączka, wykona drobne remonty, skręcanie mebli, przeprowadzki. Oszukał go ostatni pracodawca i do 10. jesteśmy bez pieniędzy. Praca może być w zamian za jedzenie".

Piszę spontanicznie wiadomość do jednego z takich kont. Odpisuje Ewa i prosi o napoczęte produkty spożywcze. Nie potrzebuję złotej rączki ani fryzjera, ale mogę im zrobić zakupy. Wyciągam z szafki zapasy kaszy, makaronu, słoiki dla dzieci, warzywa. Kupuję ptasie mleczko i mleko w proszku NAN 2. Kawę i kurczaka w porcjach. Jadę zawieźć dużą niebieską torbę na Bemowo. Jest mroźno, niedziela. Mylę numer mieszkania, wściekła starsza pani obrzuca mnie stekiem inwektyw, kiedy pytam o Ewę. Otwiera młody facet z tatuażami. W tle kręci się drugi, ostrzyżony prawie na łyso, w kraciastej koszuli. Facet, który mi otworzył, miłym głosem dziękuje za torbę. Nie zagląda do środka. W środku pachnie niewietrzeniem, trochę papierosami, trochę tłuszczem z mięsa gotowanego za długo. Na wersalce w salonie siedzi Ewa, jest młoda, wysoka i szczupła, ma długie blond włosy. Chyba naturalny blond, bo jak prawdziwa blondynka, która płacze, ma czerwoną i zapuchniętą twarz. Na kolanach trzyma kilkumiesięczne dziecko. Wycofuję się szybko na klatkę schodową, mamrocąc coś o szczęśliwym nowym roku. Dlaczego Ewa płakała, czy powinnam tam wrócić? Czy płakała, bo Mariusz nie mógł znieść jej biadolenia i strzelił ją na odlew, wkurwił się, że obcym ludziom się narzuca, chcąc dzieciaka nakarmić, co to, on, kurwa, zarobić nie umie? Czy płakała, bo zwyczajnie chujowo jest być bez pieniędzy, chujowo się kłaść z tą świadomością i beznadziejnie wstawać rano do własnej biedy, do dziecka, które zawsze już będzie miało mniej, gorzej, niełatwo?

Czuję się jak debil z klasy średniej, który raz do roku wrzuci do puszki i raz do roku z koleżankami, przy grzanym winku czy kawie, będzie pakować szlachetną paczkę, czując ciepło, sytość i samozadowolenie. Koniecznie dla naprawdę potrzebujących, dla tych, którzy pokornie i skromnie dziękują. Którzy pochylają się nad świąteczną charytatywą w pudłach po towarze z twarzami napełnionymi blaskiem i dobrem. Z produktów bije łuna, jak z ganuszka z zaczarowanym miodem, dzieci przytulają w zachwycie torby z kaszą i makaronem, tańczą dookoła biednego, ale wyszorowanego do białości pokoiku, dzierżąc w małych łapkach hurtowe opakowania szarego mydła w płynie. Może dorzucimy książkę modnej blogerki, pyta szlachetna mama szlachetną mamę, książkę blogerki bez glutenu i mięsa? Z warzyw sezonowych i kasz można wyczarować prawdziwe cuda, pyszne i zdrowe, nie trzeba wpierdalać tanich parówek i pizzy mrożonej, a co dopiero dawać je dzieciom. Dzieciom nie wolno! Nikomu nie wolno. Może mrożony jarmuż? To świetny pomysł.

Nie czuję samogłasku, altruizmu i ulgi, że. Że jak dobrze, że tak nie mam. Czuję tylko niepokój, jakbym to nie Ewę i jej malutką córkę chciała uratować, a siebie. I moje dzieci.

Po wyjściu z klatki schodowej Ewy ginę w gąszczu bloków z lat siedemdziesiątych i świeżych deweloperskich nasadzeń. Minusowa temperatura zamraża mnie jeszcze na kilka kwadransów razem z moim niepokojem w napiętą, skupioną bryłkę.

Może składam ofiarę, zanoszę jakąś modlitwę o wstawiennictwo, gdyby przypadkiem tak się stało, że mnie by zabrakło, że mnie by brakło i dać dzieciom bym nie umiała, nagle nie mogła. Straciła mowę, zmysły, oszalała, uległa wypadkowi, udarowi, przecież to jest pstryknięcie palcami, przypadek, chwila nieuwagi. Chciałabym wymodlić sobie chwilową obietnicę amortyzacji podczas upadku, a moje dzieci mogą spadać na mnie, na miękkie. Moszczę ów upadek ze starych poliestrowych swetrów i zakurzonych pluszaków, buduję domek z zepsutego odkurzacza i kijków po miotłach, z notatek ze studiów i ślubnego kapelusika, który niepotrzebnie wciąż trzymam i wożę, od najmu do najmu. Ze śmieci wożonych w samochodzie, z przypalonych garnków, zepsutych zabawek i ze spranej bielizny. Buduję i moszczę się, jakżeby inaczej, na parkingu centrum handlowego. Blisko życia, blisko ruchu, ale jednak tak trochę z boczku.

Matka wirtualna

Miejsca szybkiego ruchu, podobne do autostrad, dworców, centrów sprzedaży, znajdują się również w internecie. Do moich ulubionych, do których zaglądam jak do rozwibrowanego gniazda os, należą fora poświęcone wychowaniu dzieci i szeroko pojętemu życiu rodzinnemu. Wklepywanie w wyszukiwarkę haseł: „zastój w piersiach", „dziecko się nie najada", „koszmarne poranki z dziećmi" czy „jak radzić sobie z krzyczącym czterolatkiem" stanowi swoisty rytuał uspokajający. Nie chodzi o rady, chociaż czasem i z nich korzystam, chodzi o sam fakt zwrócenia się o pomoc. Przypominam wiejską kobietę, która po wyjściu z gabinetu lekarskiego radośnie składa receptę w schludny prostokącik i odkłada na kredens. Przecież poczuła się lepiej, bo dotyk i zainteresowanie internisty uzdrowiły ją.

Poszukuję konsolacji, poszukuję grupy wsparcia dla anonimowych rodzicielskich porażek. Taką porażką co jakiś czas się czuję, podobno nie ma w tym nic złego – szepczemy sobie z koleżankami w tajemnicy – „mnie też zdarza się krzyknąć", kiwamy ze zrozumieniem głową, przechodząc do kolejnego punktu programu, jakim jest dyskretne narzekanie na mężów. Oczywiście bez przesady, nikt nie będzie prał brudów przy obcych. Czasem czyjaś skorupka pęka i konfrontujemy się z brzydką prawdą, o której można potem plotkować. Nie do wiary. Nie dawał pieniędzy. Szósty rok na wychowawczym. Uderzył w kłótni. Znalazła kochanka. Czepiał się jej metod wychowawczych. O dzieci trwa walka w sądzie.

Nabieram przekonania, że szczęśliwe małżeństwa to takie związki, w których jedna osoba bierze na siebie znacząco więcej i uważa to za naturalny stan rzeczy. Podobnie uważa współmałżonek. Nabieram przekonania, że szczęśliwe i spełnione matki to osoby, które nie negocjują swojej pozycji i roli. Karcą niesubordynowane młódki, którym w połogu chodzi już nóżka, by się wyrwać chociaż na chwilę od nużących obowiązków. Na forach trwa dyskretna, ale stanowcza narracja: „Ja sobie radziłam. Byłam w gorszej sytuacji niż ty i dałam radę". Wiele matek z tych forów ma prosperujące firmy i nie zdarza się im użyć wobec dzieci przemocy, krzyku, chociażby ze zwykłej desperacji. Ich mężowie są współczujący

(„nie mam takich problemów w małżeństwie, ale chyba bym tak jak ty nie mogła"). Ich mężowie pracują ciężko i wytrwale, nie mają depresji, do dziecka wstawali od urodzenia. Regularnie i z pasją współżyją z żonami, ku obopólnej radości. Żony są zgrabne, a znów w sklepie z alkoholem proszono je o dowód. Wiem, że kłamią, wszyscy wiemy, że kłamią. Zastanawiam się, dlaczego i po co.

I co jakiś czas ląduje tu kobieta niczym żołnierz w Normandii: opisuje swoją historię, nierzadko przejmujący opis samotności i niezrozumienia, a potem bezradnie rozgląda się po zgliszczach własnej wypowiedzi, której każdy aspekt rozkładany jest na czynniki pierwsze.

„Odkąd jestem na urlopie wychowawczym, mąż systematycznie traci szacunek do mojej osoby. Dobrze zarabia, ale kiedy przestali wypłacać mi zasiłek macierzyński, sama zorientowałam się, że to ja płaciłam za wszystkie zakupy związane z dzieckiem, nie wspominając o jakichś moich potrzebach. Ostatnio wyzwał mnie od nierobów. Nie chce zostawiać z dzieckiem nawet na pół godziny, żebym sobie pobiegała, przed ciążą lubiłam biegać, tłumaczę mu, że chcę schudnąć. Nawet to go nie przekonuje. Jeśli dziecko śpi i chcę wtedy wyjść, zatarasowuje mi drzwi z pytaniem: «A jak się obudzi?»".

Becia_92: „Na szacunek trzeba sobie zapracować. Przyzwyczaił się, że ma kurę domową, teraz masz tego rezultaty".

Karo0987: „Może faktycznie, skoro się zapuściłaś, przestałaś być dla niego atrakcyjna? Czasem jak widzę te matki z wózkami, to aż rzygać się chce. Zaniedbane, wykrzywione".

Glee76: „Masz jedno dziecko i sobie nie radzisz? Nie chodzisz do pracy? No to faktycznie. Trochę jesteś rozlazła".

I chociaż w dyskusji pod taką rozpaczliwą wypowiedzią pojawiają się posty wspierające i pomocne, to jednak decyduję, że te brutalne macierzyńskie awatary mogą mieć rację. Mówią, jak jest. Jesteś sama, nikt ci nie pomoże, ponosisz odpowiedzialność za swój stan. Tak się cieszę, że oblazły jak robaki kogoś innego, nie mnie. Obserwuję z ukrycia, z fascynacją, jak żują i wypluwają. Jest jak w damskiej szatni u baletnic, jak w mrowisku, do którego wpada ranne pisklę. „To nie ja, nie ja!" – chce mi się krzyczeć z radości i wczytuję się w słowa raniące, nieprzyjemne, soczyste. Po jakimś czasie zaczynam rozpoznawać po pseudonimach najbardziej jadowite awatary. Zastanawiam się, gdzie mieszkają i jak wyglądają w rzeczywistości. Są bowiem awatary neoliberalne, drapieżne, ale też awatary konserwatywne, sprzedające dziewiętnastowieczną prawdę o powinnościach kobiety w sreberku nowego rodzicielstwa.

„Na moją córkę już nic nie działa. Ma swój pokój, zabawki, ma uwagę nas obojga. Niczego jej nie brakuje. Średnio pięć razy w tygodniu wpada w histerię, rzuca przedmiotami, bije nas i gryzie. Trwa to godzinę. Jesteśmy wykończeni, myślimy o psychologu, a mąż coraz częściej grozi klapsem. Córka ma trzy lata".

Kaja12: „Nie umiecie stawiać granic".

19krolewna67: „Czy córka była karmiona piersią?".

Beebee_24: „Klaps to wasza porażka. Jesteście porażką. Córka potrzebuje waszej uwagi, cierpi. Nie rozumiecie jej. Nie umiecie odpowiedzieć na jej potrzeby. Nie sprawdzacie się jako rodzice".

Słowa Beebee_24 niosą za sobą uniwersalny przekaz. Słyszy je w głowie każda matka, każdy rodzic, który w siebie wątpi. Każdy człowiek, który wątpi. Łapczywie śledzę internetowe ślady Beebee_24. Udziela się na grupach „Delikatne wychowanie", „Poród domowy", „Karmienie piersią starszych dzieci", „Aborcja – nie". Klikam w wypowiedzi na forum antyaborcyjnym. Beebee_24 przekonuje mieszkającą na głuchej wsi młodą matkę z dwójką dzieci, że usunięcie trzeciej ciąży pigułką wczesnoporonną, zamówioną przez stronę organizacji Women on Waves, doprowadzi ją do ciężkich zaburzeń psychicznych, że jej kruche ja tego nie wytrzyma.

„Trzeba z pogodą znosić, co przynosi nam los. Na pewno się poukłada" – pisze ciepło, z otuchą, użytkowniczce Karinka_cmok12. I też oddycham z ulgą. To nie ja! Nie ja muszę podejmować tę decyzję. To inni mają gorzej. Zaspokajam się emocjonalnie bez konieczności patrzenia komukolwiek w oczy. Niepokój przychodzi po chwili, po paru godzinach, przed zaśnięciem. Mam szeroko otwarte oczy, wlepione w ciemny sufit. Dom śpi. Włączam komputer i dalej siedzę w internecie w poszukiwaniu śladów BeeBee_24. W niektórych postach trochę się odsłania, wspomina o zapracowanym mężu, o ząbkującym niemowlęciu. Zaczyna nabierać ludzkich kształtów, by za chwilę znów przeistoczyć się w krwiożerczy awatar na forum o fotelikach samochodowych.

„Dzieci do czwartego roku życia powinny jeździć tyłem. Przykre, że przedkładasz własną wygodę nad bezpieczeństwo syna, bo przecież nie chodzi o jego wygodę. Najwygodniej będzie miał w grobie, jeśli zginie w wypadku, a ty będziesz odpowiedzialną za to osobą".

Na innym forum wkleja fotografię trzylatki w charakterystycznej kurteczce w fioletowe esy-floresy. Dziecko jest bez twarzy, z obawy o anonimowość i bezpieczeństwo użytkowniczki, jednak rozpoznaję je od razu. Przychodzi na nasz plac zabaw.

Następnego dnia widzę Beebee_24. Nie mam wątpliwości, że to ona. Pierwsza biegnie dziewczynka w kurtce w esy-floresy. Ma te same buciki, a na uchwycie suwaka ręcznie robiony turkusowy pomponik. Wszystko zgadza się z fotografią wklejoną na forum, nawet popielate cienkie warkoczyki opadające na ramiona, z których wysuwają się niesforne, sypkie kosmyki.

Beebee_24 jest w bezkształtnym płaszczu i sportowych butach, pcha przed sobą duży wózek z rocznym, na oko, chłopcem. Poła płaszcza zaczepia się o gałązkę wystającą zza ogrodzenia: ogromny brzuch prawie dotyka rączki wózka. Na twarzy ma przymglony, nieokreślony wyraz, trochę obły, trochę obrażony, charakterystyczny dla kobiet w trzecim trymestrze ciąży. Znam go dobrze, z lustra. W jej twarzy odbija się wszystko, co czuję ja, co czuję i myślę o sobie w szare, wilgotne przedpołudnia przy szorowaniu patelni, kiedy marzę o czapce zasłaniającej całe ciało, kiedy z zazdrością wpatruję się w szczupłe pupy mam odbierających dzieci z tego samego przedszkola. Mogłybyśmy być koleżankami, mogłybyśmy rozmawiać przy kawie o nieudanym cieście, o rzeczywistości rozłażącej się pod palcami, ale jesteśmy na to obie zbyt zmęczone.

Wypisy
z podręcznika
dla osób
zmęczonych

Rozpoczynam dzień o 6.00, chociaż wolałabym o 5.30. Bardzo chciałabym kiedyś wstać, zanim wszyscy wstaną, i napawać się ciszą, powoli wyhamowywać z sennej pory w dzienną, a nie na dźwięk budzika podrywać się gwałtownie, ze złością, niczym po zaciągnięciu hamulca bezpieczeństwa. Najpierw karmię córkę, która jeszcze na poły śpi, a na poły dziarsko rozgarnia rączkami powietrze. Przebieram ją z piżamki we wzór cętek żyrafy w miniaturowe ubranko osoby dorosłej: rajstopki, dżinsy na gumce, body i bluzę. Zabieram ją do kuchni i usadzam w wysokim krzesełku, dając do ręki wczorajszą bułkę. Zamiatam kuchnię, myję naczynia. Nastawiam kawę. Wsypuję do miski płatki dla syna, zalewam mlekiem. Syn przychodzi do kuchni w piżamie, podobnie jak ja zirytowany. Cienka struna jest

naprężona, wystarczy jeden niewłaściwy ruch i zacznie marudzić, jękliwie domagając się innego śniadania, innego po-
ranka, innej siostry i innej matki. Mam dziś dużo szczęścia
i wpadam wręcz w euforię, bo zabiera się jednak do przy-
szykowanej miski. Córka trwoni bułkę. Wymykam się
z kawą do łazienki, by umyć zęby i rozpocząć makijaż. Małe
okienko w toalecie jest brudne, ale wyraźnie powleczone
mroźnym świtem. Rozprowadzam podkład w kolorze jasny
beż w okolicach powiek i na policzkach, tuszuję rzęsy,
mimo iż okolice oczu wciąż są zapuchnięte od niedospania.
Z kuchni dobiega odgłos rzucanego na terakotę przedmiotu i płacz. Przychodzę, sprzątam miskę, wycieram szmatą
rozlane mleko, ścierając przy okazji jeszcze okoliczny metr
kwadratowy posadzki. W łazience kończę makijaż, wycieram umywalkę, zalewam detergentem toaletę, czyszczę paprochy z podłogi szmatką z mikrofibry, myję ręce i nacie-
ram je kremem z dodatkiem wazeliny. Przenoszę młodsze
dziecko do pokoju dziennego, starsze dziecko usiłuję na-
kłonić do ubrania się, ostatecznie wręczam mu telefon
z włączoną bajką i ubieram je sama. Po chwili zmiatam pokój, zbieram porozrzucaną odzież, dopijam kawę. Ubieram
młodsze dziecko w kombinezon, buciki, szalik, czapkę
i miniaturowe rękawiczki. Ubieram siebie w rajstopy,
spodnie, bluzkę przyszykowaną wieczorem, sweterek na
guziki, szalik, płaszcz i czapkę. Sprawdzam, czy w torebce

znajdują się portfel, kluczyki, laptop, segregator z doku-
mentami, kosmetyczka i pieniądze na przedszkolnego fo-
tografa. Ubieram syna w spodnie od kombinezonu, nakła-
niam do nałożenia kurtki, szalika, czapki i rękawic. Mąż
w tym czasie wstaje i idzie do łazienki, ewentualnie robi sobie śniadanie. Jestem zła na niego, że tak sobie spał i dopiero bez pośpiechu wstaje, on jest zły na mnie, że głośniej niż
zwykle musztrowałam dzieci i nie przespał błogo naszego
wyjścia z domu. Odwożę starsze dziecko do przedszkola,
odprowadzam je, trzymając na rękach córkę, rozbieram
syna z warstw ubrań, wychodzę z szatni. Odwożę młodsze
dziecko do żłobka, rozbieram z warstw ubrań, wychodzę.
Jadę do pracy autostradą, dwadzieścia dziewięć minut. Wysiadam z samochodu, wchodzę do biura, pracuję. Morder-
cza rutyna poranków i popołudni, mimo że podszyta na-
pięciem, irytacją i pośpiechem pozwala utrzymać się
w ryzach, nie rozlać jak skisłe mleko, nie utlenić w żrący
ług wypalający dziury w podłodze. Dziarska, zwarta, czło-
wiek-Bismarck. Rutyna uwierzytelnia, usprawiedliwia. Nie
poszłam do lekarza ani na psychoterapię, nie poszłam do
kina ani na trening, nie rozwinęłam się osobiście. Na końcu
mojego rozwoju osobistego znajduje się rutyna, a utrzymanie jej warunkuje utrzymanie się na powierzchni.

A może być też tak, że zmęczenie, słowo-mantra, sło-
wo-klucz, odmieniane na milion przypadków w rozmo-

wach i kłótniach domowych, pęcznieje do rozmiarów monstrualnych. Zaczyna się odbieraniem sobie samej krótkich chwil przytomności umysłu. Rezygnuję z wieczornego prysznica. Znów zaczynam jeść na stojąco, za lodówką. Głównie słodycze i kaloryczne przekąski. W szpary pomiędzy ubraniem a ciałem wdziera się na zmianę dokuczliwe zimno i nieapetyczne gorąco. Skóra matowieje, staje się cienka i szorstka, chodzenie w tej skórze to jak permanentne owijanie się mokrym, najtańszym papierem toaletowym. Nuży mnie ta własna histeria: miliony kobiet w depresji leczą się na nią, uczęszczają na warsztaty duchowości, na weekend z harmonią prastarych bębnów, kręgi opowieści o porodzie. Wszystko po to, by na powrót skutecznie wskoczyć w zazdrosne i absorbujące kleszcze codziennych obowiązków. „Naładuj akumulatory", ćwiczenia oddechowe w kręgu, grupowy, pierwotny śpiew, doświadczenie wspólnotowe. Poza tym, kurwa, jaka depresja, ja jestem po prostu zmęczona, tak bardzo zmęczona. Myśl o rozwieszeniu bielizny jest mi na tyle przykra, że programuję pralkę jeszcze raz. Chodzę po mieszkaniu z dzieckiem przytroczonym do klatki piersiowej za pomocą jednej z tych nowoczesnych uprzęży na dzieci, z drugim, zazdrosnym i czujnym, uwieszonym nogi, niezdolna do podjęcia żadnej istotnej decyzji. Każda niezałatwiona sprawa uderza znienacka z siłą autostradowej kraksy: oto nie umówiłam córki na szczepienie, nie załatwiłam wizyty u alergologa, znów na obiad sztuczna ryba i frytki, znów nie byłam dla męża miła i burczałam coś wlepiona w laptop o dwudziestej trzeciej, zamiast pytać go z uśmiechem o miniony dzień w firmie, podsuwając przepraszająco zupę, tylko zupę. Łapię się na tym, że opowiadanie o moim dniu zaczyna nudzić mnie samą, zaczynam i nie kończę, umysł usypia mi gdzieś w międzyczasie:

– Spójrz, pani Gosia dała małemu malowankę. Jakie fajne te rysunki, takie tajemnicze, robiła to pani Kasia, wiesz, jeden z tych mamusiowych biznesów, do których dorzucają mężowie, a potem się je zawiesza, jedna z tych książek o spełnieniu w duchu *slow*, których nakład wykupują znajomi i skonsternowana rodzina, a gdybym na przykład napisała książkę, to wykupisz cały nakład, żeby nie było mi przykro? – Milknę speszona własną paplaniną.

Kiedy i jak nauczyłam się tak przynudzać, czy jest to jakaś nowa umiejętność? Mój mąż twierdzi, że wcale go to nie nudzi, że mam mówić, jednak ja wiem lepiej. Wyszedł tydzień temu z kuchni, kiedy opisywałam mu swoje samopoczucie, nie kocha mnie w te dni i tygodnie, kiedy każda wypowiedź ustna kończy się grzebaniem wewnątrz brudnych kulek we własnym pępku. Poranki zmieniają się w festiwale powstrzymywanego płaczu. Czas poszukać pomocy oraz połuchać cennych rad.

„Wystarczy się umalować. Wyjedź gdzieś. Zacznij się zdrowo odżywiać, zobaczysz jak poprawi ci się humor". – Pęcznieję od porad on-line i off-line. Każda z tych porad implikuje jednak podjęcie działania, do którego jestem chwilowo niezdolna. „Zatrudnij nianię na parę godzin. Znajdź żłobek. Idź na fitness. Idź na warsztat *Jak być lepszą*, idź na terapię, idź do psychiatry, do kołcza, do księdza, niech wypędzi z ciebie to niezadowolenie z siebie, niech dokona egzorcyzmu tłamszącego tęsknotę za szeroko otwartym oknem w samochodzie, za rozkoszą niemyślenia. Daj się szybko naprawić w warsztacie samochodowym dla zepsutych kobiet. Idź, idź i rób. Już".

Blaszane szczęki codziennych obowiązków. Niebezpiecznie rozbujane wiaderko, z którego nie wylewa się woda. Wiadro postawione pod kaloryferem szybko pokrywa się rzęsą, okruchami i stęchłymi, tłustymi oczkami. Kurzem się pokrywa, tłuszczem, bełtają w nim dzieci, mąż przesuwa je nogą za zasłonkę, kiedy przychodzą goście. Nie opowiadają o nim przyciszonym głosem matki na wychowawczym, nie opowiadają bezrobotni mężowie, całymi dniami wpatrzeni w telewizor, w ekran komputera z grą, nie opowiadają o nim nastolatki, z nagła odkrywający ból istnienia mieszkający w bezruchu, w zastygnięciu, nie opowiadają ludzie starsi, na emeryturach i rentach, osoby przesunięte niewidzialną, a gigantyczną ręką Boga i Historii na margines, osoby bezdomne, które nie chcą przyjąć pomocnej garści ani wziąć się w nią i dać się zaktywizować, zenergetyzować na kursach dotowanych unijnie, tylko powoli zgniatają puszki na ławce przed marketem. Nie opowiadają o nim, bo im się nie chce, o tym się nie opowiada, bo nie wypada, w tym się po prostu tkwi.

Hamulec
niebezpieczeństwa

Jak wiele matek, które wracają po urlopie macierzyńskim do pracy, zostałam z niej szybko wyrzucona. Nie minęło pół roku, a z dnia na dzień zlikwidowano moje stanowisko. Ponieważ zakres moich obowiązków był zarówno duży, jak i bliżej nieokreślony, ciężko było mi ustalić, jakiego zatrudnienia powinnam poszukać dalej. Póki starczyło odprawy, postanowiłam zostać w domu. Wyhamować. Nie oddawać córki do żłobka, a syna spokojnie co rano odprowadzać pieszo do przedszkola. Nie zorientowałam się, jak szybko tym razem woda w stawie pokryła się zieloną śluzowatą rzęsą.

Zaczyna się zwykle tak, że przestaję mówić. Przestaję słyszeć swój gdak skierowany do dzieci, przestaję wieczorem czekać na męża, by opowiedzieć mu, co robią, co zrobiły i co zrobiłam ja. Postępuje szorstkość ciała, jego nieprzyjemna, matowa faktura tak różni się od gładkich, okrągłych rączek i nóżek, które myję w wanienkach, kremuję, całuję i nadgryzam w zabawie. Zaczynam gubić słowa, zdania, zapominam. Coraz trudniej przypomnieć mi sobie – po co przyjechałam do centrum handlowego w P.? Czy zabrakło mleka, czy kawy? Pieluch? Chustek? Stoję bezradna na środku hali sprzedażowej. Znów jestem ubrana w odzież dzianinową, trochę nieświeżą, może z wczoraj. Tkaniny bez dodatku materiałów rozciągliwych uciskają i uwierają, nie mam potrzeby upychania się co rano w gorset sztywnych dżinsów, w koszulę, w kurtkę bez plam. Jest to trochę mylące, bo podczas ostatniego zdiagnozowanego epizodu depresyjnego, który leczyłam po urodzeniu syna, ubierałam się nadzwyczaj widowiskowo, uprawiałam dużo sportu, dbałam o regularność sprzątania, unurzana w kojącej kontroli rzeczywistości. A może to było już po tym, jak dostałam pigułki? Nie pamiętam, mamroczę do siebie rozkojarzona, stojąc na środku sprzedażowej hali spożywczej. Może powinnam znów iść po pigułki? Muszę znaleźć numer do lekarza psychiatry, na pewno jest w drugim telefonie. Przez chwilę kontempluję gromadzący się powoli z tyłu głowy wstyd, który z pewnością pojawi się, kiedy znów przekroczę drzwi jego schludnego gabinetu na Mokotowie. Halo, to znowu ja. Znów się nie udało. Słyszę w wyobraźni, jak maskuję zmieszanie przed lekarzem.

Wstyd mi przed nim, że przerasta mnie zwykłe życie. A jeśli tym razem mnie skarci? Wyobrażony wstyd jest na tyle palący, że zaczynam się pocić, chociaż stoję w okolicy wielkich lodówek z nabiałem na środku hali sprzedażowej spożywczej. Wsiadając do samochodu, odczuwam przykrość spowodowaną wysiłkiem, jaki powoduje przekręcenie kluczyka. Ja chyba kiedyś bardzo lubiłam jeździć samochodem: rozglądam się po wnętrzu, któremu daleko do czystości. Porozrzucane kubki po kawie, zabawki, papier, paragony, suche liście i okruchy. Spędzałam w samochodzie dużo czasu, tak dużo, że nie miałam czasu, by w nim regularnie sprzątać. Teraz ten wilgotny i zakurzony równocześnie chaos pozbawia mnie oddechu na kilka minut, sztywnieję.

Siedzę w aucie, nie zapalając silnika. Nie umiem zebrać myśli, co chwila rozsypują się jak stare zabawki z dziurawej reklamówki, jak śmieci suche, które upycham pod zlewem w specjalnym pojemniku, a kiedy wepchnę za mocno, to katapultują się po całej kuchni. Czy ręce mogą się równocześnie kleić i być przesuszone? To pocenie i zimne dreszcze na przemian są bardzo dziwne. Psychiatra, psychiatra, muszę tam zadzwonić. *Suck it up* – przypomina mi się angielskie określenie na znienawidzone „weź się w garść". Zassij to. Wessij to. Wessij się do środka, przestań rozlewać po kątach, po okolicznych rowach i nieużytkach, przestań rozlewać się po centrach handlowych jak stara woda z mopa. Muszę znaleźć ten numer, muszę być odpowiedzialna i leczyć się, mam dzieci, mam rodzinę, mamy zadania do wykonania. Mam życie, tylko jedno, a może psychiatra znów zapyta mnie, ile ważę i powie: „Świetnie, wie pani, po tych pigułkach, które pani zapisałem tym razem, naprawdę fantastycznie się chudnie", i faktycznie, trochę się skurczę, zewrę się, wessam? I znów nikt nie rozpozna, nikt nie zorientuje się, że byłam tam, gdzie są śmieci, jest ciemno i brudno, a historyjki o depresji nawracającej będę opowiadać z chichotem na imprezach, jak opowieści z wycieczek zagranicznych?

Wracam do domu, wchodzę do mieszkania przez taras. Mąż trzyma na rękach córkę, której rumieńce i błyszczące oczy zdradzają, że tuż-tuż, przed chwilą skończyła płakać. Podaje mi ją. Mała, okrągła buzia uśmiecha się, dziecko wyciąga rączki:

– Od razu uspokaja się przy mamie – oznajmia mąż z ulgą, że już wróciłam.

Trzymam na rękach małą, stoję w kurtce, a wokół ubrudzonych błotem adidasów tworzy się mała kałuża. Mąż ściąga mi z ramienia torbę z zakupami, naciąga sobie na uszy czapkę pilotkę i całuje nas na pożegnanie. Całuje krągły policzek córeczki z radością, na pewno dlatego że już wychodzi, że już nie musi liczyć minut do mojego powrotu. Ja stoję tak z nią, stoję z nią na rękach, niezdecydowana, ni to do wyjścia, ni do przyjścia, kiedy czuję na twarzy szorstkie cmoknięcie. Wzdragam się, jakbym się znienacka obudziła. Mąż błyskawicznie to zauważa i natychmiast robi się mu przykro.

– Nie... nie dlatego, że całujesz. Nie. Przypomniało mi się coś – kłamię.

– Wyglądało to inaczej – mamrocze niezadowolony i odwraca twarz w stronę ściany.

– Nie. No, nie wiem, jak ci to wytłumaczyć. Masz czasem takie rzeczy, że przypomina ci się coś nagle, jakaś sytuacja, która potoczyła się nie tak, jak powinna, i wstydzisz się znienacka albo masz poczucie winy? Taki dreszcz. W ogóle nie ma to z tobą związku – opowiadam.

– Jesteś pewna, że wszystko okej? – Mąż z wysiłkiem przełamuje chęć brnięcia w sprzeczkę, za co jestem wdzięczna jemu i naszemu niegdysiejszemu doradcy małżeńskiemu.

– Tak. Nie. – Zastanawiam się, czy kłamać. Rezygnuję. – Chyba nie. Nie. Chyba nie – powtarzam.

Mąż przygląda mi się uważnie.

– Masz zapadnięte policzki – mówi w końcu.

– Tak? – Gdzieś tam w środku wybucha triumfalna mikropetardka. Mam zapadnięte policzki! Przecież to widoczny, namacalny znak. Usprawiedliwienie. Mam żywy dowód, pretekst. Może nawet trochę znikam.

Ktoś zdejmuje mi z ramion ciężar odpowiedzialności za samopoczucie. Przynajmniej przed mężem nie muszę już ukrywać, jak bardzo gubię się między półkami w markecie, jak zastygam nad garnkiem z rosołem, jak tępo patrzę w ciemniejącą za oknem ulicę podczas wlokących się w nieskończoność jesiennych popołudni z dwójką małych dzieci.

– Masz gdzieś numer do Setniczaka? Lekarza – pytam w końcu.

Nie mówię „psychiatra" ani „mój psychiatra Setniczak", bo trochę boję się trywialnej kategoryczności drzemiącej w specjalizacji lekarza, przystojnego bruneta w sile wieku, emanującego pewnością siebie, spokojem, dystansem. Setniczak zawstydza mnie swoim sukcesem, doświadczeniem klinicznym w psychofarmakologii, zawstydza mnie tym, że znów do niego przychodzę, że ostatnim razem odstawiłam leki bez konsultacji, bo już czułam się dobrze, bo wszystko szło zgodnie z planem.

– Nie mam, chyba – odpowiada mąż. – Powinien być na stronie poradni – mówi, oddalając się w stronę drzwi balkonowych.

– Tak, na stronie poradni. Na stronie poradni – powtarzam. – Pa – żegnam męża.

– Pa, pa. – Córka macha rączką.

– Pa, pa – powtarza.

– Pa, pa, pa – powtarzam.

Wycieczka
postarzona filtrem

– Dzisiaj jedziemy na wycieczkę do Warszawy – mówię dzieciom w sobotnie przedpołudnie.

Mąż pracuje poza miastem, jestem z dziećmi sama przez cały weekend. On ma klientów, zarabia pieniądze, których ciągle jest mało, za mało. Ja też już pracuję, wprawdzie nie na etacie, ale pracuję, za prawdziwe pieniądze, w charakterze osoby odpowiedzialnej za różne rzeczy.

– Wycieczka! – Rozradowany synek zaczyna biegać w kółko. – Wycieczka? Kino i bajki? I frytki, mumu, frytki zjedzmy.

– Łytki, łytki – powtarza córka, która drepce za bratem krok w krok na śmiesznych tłuściutkich nóżkach. Ubrana jest w poplamione dresy po bracie, wełniane skarpetki i modną, również wśród niemowląt jakieś dwa lata temu, bluzę w rustykalne wzorki.

– Będą frytki, tak. Ubieraj się, synku, w spodnie. Jak ładnie posprzątacie zabawki, to obejrzycie w samochodzie trzy odcinki *Marta mówi*.

Syn z zapałem zaczyna wrzucać drewniane tory kolejki do plastikowego przezroczystego korytka. Córka rzuca z impetem wagonikiem napędzanym baterią. Bateria wypada. Syn jest wstrząśnięty.

– Nie, nie, nie! Nie lokomotywą, mumuuuu!!! – krzyczy.

Córka zaczyna płakać, syn rzuca się na ziemię w spazmach, które podręczniki wychowawcze określają mianem buntu czterolatka. Pocieszam małego, a następnie małą, która przerażona gwałtownym wybuchem starszego brata również zaczyna szlochać. Siedzę na podłodze z tulącymi się do mnie dziećmi. Wypuszczam je z ramion niechętnie, ale stanowczo.

Ubieram córkę przyzwoicie. W końcu jedziemy do miasta. Sama umyłam się, zanim wstały. Mam na sobie makijaż, czyste dżinsy w rozmiarze 36, koszulę z rozpiętym górnym guzikiem i wełnianą kamizelkę zrobioną na drutach przez teściową. Wciągam małej świeże pieluchomajtki, elastyczne dżinsy, skarpetki, bluzkę bez nadruku, sweterek. Nie znoszę dziecięcych ubrań z nadrukami, aplikacjami, śmiesznymi napisami. Wydają mi się straszne i niepokojące. Ulegam tylko, kiedy chodzi o ulubionego bohatera bajek. Nadal dostajemy sporo ubrań po znajomych, po nocach pracowicie odpruwam od ubrań aplikacje z wozami strażackimi. Nakładam córce wełnianą czapeczkę. Wyglądamy podobnie, zabawne. Jeszcze nie zaczęła domagać się różowych tutu, strojów z Elsą, koron księżniczki, różowej biżuterii, więc mogę udawać, że jest miniaturową wersją mamusi, której największą ekstrawagancją, jeśli chodzi o upiększanie się strojem, jest obrączka z ciemnego tytanu. Syn ubiera się. Chce banana. Dostaje.

W samochodzie moszczą się w fotelikach. Specjalny uchwyt na urządzenie multimedialne trzyma tablet: wyświetlają się na nim bajki z internetu, a system bezprzewodowy przenosi udźwiękowienie na samochodowe głośniki. Dzieci chłoną film łapczywie, w milczeniu, z otwartymi buziami.

Mijam Nadarzyn, Komorów i Pruszków. Przezornie napełniłam bak dzień wcześniej, nie muszę wyciągać poirytowanych dzieci z ciepłej, blaszanej puszki auta, by zapłacić za tankowanie, a potem zginać się pod niemożliwym kątem, by poprzypinać je do siedzonek z powrotem. Kiedyś, jeden raz, kiedy spały, poprosiłam pracownika stacji, by zerknął, czy się nie budzą. Sama pogalopowałam zapłacić do kasy. Kolejka była wyjątkowo długa. Kiedy wróciłam, córka płakała. Aż przystanęłam, bo rejestrowałam tylko obraz, tylko wizję, nie słyszałam zawodzenia, twarz córki wykrzywiona w straszliwym grymasie, obok syn, skwaszony i z otwartymi ustami, zapewne krzyczący w irytacji do rozhisteryzowanej młodszej siostry. Obraz dziwny i niepokojący, bezgłośne, ale zapłakane dzieci. Pracownik stacji stał obok samochodu, wsparty o dystrybutor:

– Chyba płaczą – rzucił w powietrze, z nieukrywaną przyganą.

– Była kolejka – odparłam. – Dziękuję, że pan zerknął.

– Długo pani nie było – chciał kontynuować, ale ja otworzyłam już drzwi od strony kierowcy i jego tyradę, z dużym potencjałem na pojawienie się kwestii czapeczek, współczesnych leniwych matek i tym podobnych zagadnień, zagłuszyło zawodzenie moich dzieci. Wylało się znienacka z wnętrza auta, parząc jak wrzątek.

Dziś już nie zwracam uwagi na zaczepki obcych ludzi, skierowane do mnie, matki, a czasem występnie w stronę dzieci.

(– Bucik spadł. Bucik! – Starsza, schorowana kobieta krzyczy w moją stronę.

Schylam się po bucik.

Dziewięciomiesięczny syn po piętnastu metrach ponownie zrzuca go wierzganiem. Nie zauważam, bo siedzenie jego wózka skierowane jest frontem do świata, nie do mnie.

– Bucik! Znów spadł bucik. – Kobieta wyraźnie mnie śledzi.

Zawracam. Wsuwam bucik na tłustą, wesołą stópkę.

– Bucik. W nogę zmarznie!

Schylam się po bucik jeszcze kilka razy).

Mijam kolejne miejscowości. Rozlewające się przedmieścia, budowlane samowole, ogromny billboard z wykupioną reklamą działalności społeczno-biznesowej niejakiego Zbigniewa Stonogi. Tablice z kolorowymi krzykliwymi napisami oblepione są listopadowym błotem.

Teraz jestem na lekach antydepresyjnych. Ich działanie tłumi gwałtowne emocje, wywołane werbalną inwazją w osobistą przestrzeń, nadaje ruchom precyzję, pozwala osiągnąć skupienie niezbędne przy pasaniu dzieci w domu, zagrodzie i mieście. Leki przywracają porządek, kierują energię na właściwe tory, na tunel matczynej uwagi.

Odbywam wizytę u doktora Setniczaka. Nie ocenia mnie, nie karci za samowolne odstawienie dwa lata wcześniej. Znów zapisuje mi odpowiednią dawkę leków. Kiwa przy tym wyrozumiale głową i robi kolejną wesołą uwagę na temat redukcji wagi, która jest efektem ubocznym przepisanych specyfików. W krótkim czasie chudnę siedem kilogramów, dzwoni znajomy z propozycją pracy, którą przyjmuję, córka wraca do żłobka, mąż jedzie w delegację, która ma przynieść nam dużo pieniędzy.

- Jak to się wszystko pięknie układa, kiedy dba się o zdrowie psychiczne – myślę, wjeżdżając w Aleje Jerozolimskie, a myśli mam zadziwiająco ostre i czyste.

Nawet przestałam jeść na stojąco za lodówką. Właściwie to w ogóle przestałam jeść, świetne te antydepresanty nowej generacji, czasem skubnę jakiś kalafiorek z bazaru albo napoczęty jogurt z łyżeczką wetkniętą do środka jak flaga, jogurt wzgardzony przez córkę czy syna. Przestały mnie gniewać zaczepki obcych, przestały dręczyć koszmary niezrealizowanych zadań, w domu znów jest całkiem czysto i miło. Na lodówce powiesiłam rozkład dnia, na ścianie w dziecinnym zawisł kalendarz, w którym oznaczam dni, kiedy syn ma integrację sensoryczną, tomatisa i logopedę, a córka odwiedza pediatrę, by uzupełnić pozapominane szczepionki. Wszystko jest pod ręką, dni płyną łagodnie. Sprawnie zapędzam dzieci do łóżeczek, a zakup szczoteczek elektrycznych znacznie uprzyjemnił problem nielubianego mycia zębów. Rodzeństwo ostatnio lubi zasypiać razem. Leżą przytuleni jak misie koala z kanału Discovery. Patrzę na nie wtedy rozczulona, czasem specjalnie zapalam żyrandol, który doświetla kadr pstrykanego telefonem zdjęcia. W skąpym świetle dziecięcych kinkietów w kształcie księżyca i kwiatka kształty dzieci robią się ziarniste, niewyraźne i napawające lękiem.

Na wiadukcie przy Kleszczowej, w Alejach – korek.

Zerkam we wsteczne lusterko – dzieci zasnęły. Śpią, posapując, lekko pofalowane blond włosy okalają ich małe twarzyczki. Są do siebie tak podobne: niebieskie, trochę skośne oczy, szeroko rozstawione kości policzkowe, jasne brwi i rzęsy.

– Skóra zdarta z matki – powtarzają znajomi z nowej pracy, widząc tapetę w moim telefonie, zdjęcie postarzone filtrem zrobione w przydomowym ogródku. Syn stoi na pierwszym planie i uśmiecha się, mrużąc oczy, córka z tyłu, trochę rozmyta, z profilu, pochyla się nad jakimś obiektem na zadbanym trawniku. Jest ich dwoje. Nie będą sami.

Po prawej stronie widzę znak zjazdu do centrum handlowego. Jest trochę tłoczno, w końcu sobota. Parkuję na miejscu dla rodzin, blisko wejścia. Nim decyduję się obudzić dzieci i wepchnąć do rączek – jabłko synkowi, córce – bidon z mlekiem roślinnym, stoję przez chwilę obok auta i przyglądam się im przez szybę. Po krótkiej chwili spływa na mnie kojąca bezmyślność i gapię się teraz, z rękoma w kieszeniach, na przesuwające się po podziemnym parkingu samochody. Kiedy zwracam się w stronę dzieci, dostrzegam, że obudziły się i przyglądają mi się bacznie, jakby nie wiedziały, co dalej, jakby próbowały odgadnąć następstwo. Córka dostrzega mój wzrok i zaczyna płakać. Otwieram drzwi i wypinam je z fotelików. Wchodzimy razem do środka. Trzymam synka za rączkę, on prowadzi siostrę.

Centrum handlowe mieni się kolorowymi lampkami, motywami reniferów i wizerunkami prezentów w modnych minimalistycznych pudłach. Zbliżają się święta, dzieci zaczęły już znosić do domu z przedszkola i żłobka wykonane przez siebie rękoma pań plastyczne artefakty związane z zimą i Bożym Narodzeniem. W tle leci muzyka z janczarami i ksylofonem, pogodna i dyskretna.

Odwiedzamy sklep z zabawkami. Synek dostaje nową lokomotywę na baterię, a córka lalkę bobasa. Zadowoleni, zajęci prezentami maszerują szeroką alejką, rozmawiając ze sobą w niezrozumiałym do końca języku. Mijam nastolatków, rodziny z dziećmi, matki pchające lśniące nowością wózki z niemowlętami. Wszystko jest czyste, jasne. Czuję, że należę do nich, że należę do tego świata, do wyposażenia centrum, że tworzę wartościową cegiełkę handlowej społeczności. Mam ich trochę z przodu i widzę, że synek przystaje przy barku znanej sieci fast food. Za rękę trzyma siostrzyczkę, która usta ułożone ma w proszący całus.

– Mumu... – jęczy, bardziej pytająco niż irytująco.

– Muu – wtóruje siostra.

Zerkam na zegarek. Trzynasta trzydzieści. Pora obiadu. Dzieci rozsiadają się w okrągłej pseudoloży ze stolikiem. Na tacy pysznią się duże porcje frytek. Jemy spokojnie, syn co jakiś czas patrzy w moją stronę, próbując powstrzymać głośniejszy wybuch radości. Jest szczęśliwy, mruży oczy.

Moczy smażony ziemniak w kleksie keczupu z łobuzerską miną: usta ułożone tak, jakby chciał powiedzieć bardzo wyraźnie samogłoskę „u", ale kąciki ust uciekają mu do góry, w stronę uśmiechu.

– Mama musi zrobić zakupy – mówię do nich i wycieram im zatłuszczone ręce. – Idziemy do Carrefoura.

Pakuję małą w duży sklepowy wózek, brat dzielnie maszeruje obok. Mijamy dział RTV, mijamy książki i zabawki. Dzieci wykręcają szyje.

– Jeszcze tu wrócimy, tylko wsadzę do środka jedzenie – zapewniam.

Wózek zapełnia się produktami: udka z kurczaka, patroszona ryba, brokuły i marchew. Ośmiopak jogurtów, papier toaletowy, Domestos, gąbka do naczyń, serek wiejski, ogórki kiszone, sok jabłkowy, płatki do mleka, kaszka, zgrzewka mleka ryżowego bez dodatku cukru.

Syn przystaje przy wysokich, dobrze oświetlonych regałach, ściskając w ręku nową lokomotywę. Dzieci są zadziwiająco spokojne i grzeczne. Nie negocjują, nie płaczą, nie żądają. Córka nie próbuje wydostać się z imadła dziecięcego siodełka, umieszczonego na zakupowym wózku. Kręci głową na boki, ogląda, tuli w małych ramionkach zabawkowego bobasa. Powoli dryfujemy przez alejki. Zakupy są już skompletowane.

– Dobrze, to teraz wrócimy do zabawek.

Na dziale dziecięcym regały ustawione są w dość dużej odległości od siebie, okalając sporą przestrzeń, wypełnioną koszami z wyprzedażą i swobodnie poustawianymi zabawkami do ogrodu. Są plastikowe zjeżdżalnie, basenik z piłkami i trampolina. Piłki w pojemnikach interesują syna, podbiega do nich, by za chwilę zniknąć wśród autek. Wyciągam córeczkę z wózka. Całuję ją w policzek i uśmiecham się do niej.

Przez chwilę obserwuję bawiące się dzieci. Lądują wewnątrz plastikowego domku z okiennicami. Córka przemawia w sobie tylko znanym języku do brata, który na poziomie podłogi animuje duży grający wóz strażacki.

Na półeczkę w zakupowym wózku odkładam zdjętą z ramienia torbę, z którą zwykle wychodzę, kiedy towarzyszą mi dzieci. Uszyta jest z grubego granatowego płótna na podszewce z szarego ortalionu. Ma uchyloną klapę, do środka wrzuconych jest kilka pieluch córki, są bidony z napojami z Zygzakiem McQuinnem i motylkiem, i dwa plastikowe pojemniki z przekąskami. W kieszeni paczka mokrych chusteczek. Po dziale dziecięcym kręci się sporo osób, głównie podobnych do mnie matek z maluchami i wlepieni w rzędy elektronicznych zabawek samotni ojcowie. Ojcowie spiesznie oddalają się z działu, trzymając pod pachami duże pudła z pociągami, zdalnie sterowanymi terenówkami, z Lego. Jakiś mężczyzna przebiera w przece-

nionych lalkach, w końcu odmaszeruje z dużą plastiko-
wą kuchnią w kolorze różowym.

Dzwoni mój telefon. Na ekranie wyświetla się imię
męża. Trzymam w ręku wibrujące urządzenie, czekając, aż
włączy się poczta głosowa.

– Muumuuu! Lego, nowe Lego! – dobiega mnie okrzyk
syna, który zdążył wybiec z plastikowego domku i zanu-
rzyć się w zabawkowych nowościach.

– Na Gwiazdkę – odpowiadam automatycznie. – Napi-
szemy do Mikołaja list.

Syn znów znika w domku, gdzie siostra rozbraja pudeł-
ko z Duplo. Nie protestuję.

Wózek stoi na środku alejki. Przesuwam go w stronę
półek, by nie zawadzał przechodzącym klientom.

Odwracam się od regałów na dziale dziecięcym, od wyprzedażowych koszy z tanimi chińskimi artykułami, od
plastikowego domku z okiennicami.

(Idę w stronę kas. Szybko, jak pierwszego dnia w żłob-
ku, kiedy wychowawczyni poradziła mi jak najkrótsze
pożegnanie, a nawet wręcz jego brak. Przechodzę
przez wyjście oznaczone tablicą TĘDY BEZ ZAKU-
PÓW. Krok mam pewny, stanowczy. Zjeżdżam na po-
ziom zielony).

Zastygam za regałem w dziale kasz, mąk i makaronów. Trochę sparaliżowana, trochę drętwa. Dzieci nie znajdują się w zasięgu wzroku. Na chwilę udaję, że wybieram spośród szerokiego asortymentu ryżu sypkiego.

(Wyjeżdżam na autostradę. Na Berlin. Jadę odszukać moją pierwszą miłość. Ruszam na Cypr, na Maltę, na Mauritius. Będę uczyć jazdy na nartach wodnych. Zostanę backpakersem, baristką, nurkiem, dlaczego każdy z tych pomysłów jest taki absurdalny? Co dzieje się z tymi, którzy znikają? Czy po prostu wchodzą do jakiegoś domu w odległym punkcie kraju, dostają pracę, wyrabiają nowy dowód? Jak to wygląda technicznie, przecież ktoś ich szuka, czeka, ktoś rozpacza i dzwoni do Fundacji Itaka? W okolicach miejsca zamieszkania ukazują się powiększone zdjęcia z dowodu osobistego, Elżbieta Jaworowicz przytula przed kamerami płaczące dzieci, płaczące dzieci).

– Mumuuu... – słyszę zza regału donośny głos synka.
– Miiii!!! – wtóruje jego siostra.

(Odwracam się w stronę działu z zabawkami. Widzę, jak z przeciwnego krańca regału z artykułami sportowymi ku dzieciom stojącym przy plastikowym domku szybkim krokiem idzie kobieta. Ma jasne długie włosy, poważną twarz. Jest w dżinsach, granatowym miękkim płaszczu. W rękach trzyma telefon i kluczyki do auta z zabawnym breloczkiem. Pochyla się i podnosi dziewczynkę. Sadzając ją w siedzisku sklepowego wózka, cicho mówi coś do chłopca. Powoli kierują się w stronę kas).

Od autorki

Ta książka znajduje się na granicy reportażu i prozy. Narracja jest pierwszoosobowa i sugerować może nadmierne, ekspiacyjne dzielenie się własnym doświadczeniem. Owszem, to prawda, mam doświadczenie depresji poporodowej oraz chorowałam na depresję na długo przed narodzinami mojego pierwszego dziecka. Jednak historia zawarta w książce nie jest moim świadectwem choroby. To wynik rozmów z kilkudziesięcioma osobami: kobietami, które doświadczyły depresji, które nigdy nie chciały się do niej przyznać, które wyleczyły ją terapią, lekami, metodami alternatywnymi, fitnessem, które nauczyły się z tym doświadczeniem żyć, ale też nigdy jej nie zaakceptowały. To również wynik rozmów z osobami bliskimi chorych. Opowieści o bezradności, wściekłości i smutku, o nudzie, niepewności, doświadczeniu granicznym, zaskakującej izolacji i wyobcowaniu wczesnego rodzicielstwa. Zdecydowałam, że nie chcę traktować tych historii osobno, chcę, by opowiedziane były jednym głosem, nawet gdybym musiała wziąć na siebie pytania czytelników i krytyków: „Czy naprawdę tak się czułaś?", „czy uważasz się za dobrą matkę?", „czy chciałaś skrzywdzić swoje dzieci?".

Zacznę od ostatniego pytania: nie, nigdy nie chciałam ich skrzywdzić. Dzieci są dla mnie najważniejsze. Na pewno zdarzyło się, że nieświadomie sprawiłam im przykrość lub popełniłam inny błąd wychowawczy. Uważam się za przeciętną matkę. Czułam się źle, bywa, że wciąż tak się czuję. Odpowiedzialność za dwójkę maluchów to duża sprawa. Bardzo często sprawia, że w zmartwieniu nie przesypiam nocy.

Macierzyństwo ma w Polsce tradycję uświęconą, a jednocześnie wiele jego kluczowych aspektów bywa spychanych na margines życia społecznego. Małe dziecko przy piersi wciąż niechętnie jest widziane w miejscach publicznych. Małe dziecko czy pierś, która je karmi? Kobieta, której z trudem przychodzi transformacja w matkę, bywa dyskretnie lub mniej dyskretnie proszona, by się uciszyła: wmawia się jej niedorozwój emocjonalny, upatruje przyszłych potężnych kłopotów z dziećmi, a nawet przykleja etykietkę patologii. Wymagania, którym musi sprostać kobieta (a coraz częściej także mężczyzna, ojciec), robią się coraz bardziej wyśrubowane i absurdalne. Należy być z dzieckiem w każdej chwili, zapewniając mu najskuteczniejszą stymulację rozwojową, ale należy pamiętać o sobie. Nikt nie dostrzega, że w polskiej kulturze te dwa pojęcia wzajemnie się wykluczają. To „dbanie o siebie" to nic innego jak zewnętrzny nakaz zachowania przedciążowej prezencji, formy, kariery: zewnętrznych atrybutów sukcesu. Z dzieckiem ten sukces jest trudno mierzalny, rozłożony w czasie, sądzę, że ten opacznie rozumiany feminizm po raz kolejny obraca się przeciwko kobietom. Nie sposób równocześnie zostać z dziećmi w domu i rozwijać się zawodowo; nie sposób też być do końca wydajnym po powrocie do pracy. Dodajmy, że w większości przypadków to nie chęć samorozwoju zawraca kobiety na płatne stanowiska, ale ekonomiczny przymus. To prawda, że pięćdziesiąt lat temu rodzice nie mieli dostępu do udogodnień technologicznych: nie było pralkosuszarek, naczynia zmywało się ręcznie, nie było też słoiczków z niemowlęcym jedzeniem ani stu rodzajów mleka modyfikowanego w proszku, a także że jednorazowych nieprzesiąkających pieluch. Warto przy tym zwrócić uwagę na święcący triumfy wśród rodziców z klas średnich i wyższych powrót do Nowego Tradycjonalizmu, który sprzedawany jest jako rodzicielstwo ekologiczne i rodzicielstwo bliskości. To wychowywanie dziecka, które wymaga nie tylko profesjonalnego przygotowania merytorycznego (poradniki, warsztaty, panele eksperckie), lecz także rezygnacji z tych fantastycznych, oszczędzających czas udogodnień. Mamy zatem rosnące wymagania i nakaz moralny rezygnacji z ułatwień.

Być może fundamentalnym błędem jest spychanie negatywnych doświadczeń z transformacji rodzicielskiej w pojęcie choroby, jaką niewątpliwie jest depresja. Poporodowego smutku (*baby blues*, czyli obniżenia nastroju, występującego do czterech tygodni po narodzinach) doświadcza około siedemdziesięciu, osiemdziesięciu procent matek. Oficjalna statystyka zdiagnozowanych i leczonych przypadków depresji poporodowej to od jednego do dwóch przypadków na dziesięć urodzeń. W jak wielu sytuacjach wstyd, chęć zachowania swojego nieakceptowanego nastroju w tajemnicy, poczucie winy zwyciężają wolę poproszenia o pomoc? Historia medycyny pokazuje, że poporodowe zaburzenia nastroju są stare jak świat, pisał o nich Hipokrates (tłumacząc ich przyczynę tym, że zawartość oczyszczającej się macicy wędruje do mózgu), pisała trzynastowieczna medyczka Trotula; w średniowieczu poporodową melancholię łączono z zaangażowaniem w czary. Depresji poporodowej doświadczały wiedźmy i kobiety, którym w połogu zdarzało się zabijać swoje dzieci. Do tej pory polskie prawo karne zakłada możliwość chwilowej niepoczytalności pod

wpływem porodu, co sprawia, że zamordowanie noworodka – zarówno czynne, jak i bierne, poprzez porzucenie –
traktowane jest przez sądy inaczej niż zwykłe morderstwo
(artykuł 149 Kodeksu karnego głosi, że: „Matka, która za-
bija dziecko w okresie porodu pod wpływem jego przebie-
gu, podlega karze pozbawienia wolności od trzech miesięcy
do lat pięciu").

Łatwiej jednak coś nieakceptowanego zamienić w choro-
bę, w coś do przeleczenia, niczym zepsuty ząb, wymagający
farmakologicznej plomby. Trudniej jednak macierzyński
kryzys, którego doświadcza wcale nie marginalna część ko-
biet-matek, przyjąć jako naturalny, możliwy scenariusz, równie naturalny jak naturalne karmienie czy naturalny poród.

Prawo jest relatywnie łagodne dla dzieciobójczyń, jednak
nie jest dla nich łagodna opinia publiczna. Wyznanie matki
niemowlęcia, płaczącego szóstą godzinę przez ząbkowanie
lub kolkę, że ma myśli o wyrzuceniu zawiniątka przez okno,
wciąż pozostaje w sferze tabu. Nieśmiało wspominają o tym
nowoczesne podręczniki rodzicielstwa. Camilla Noli napisała cienką, niepozorną książkę *A Mother's Tale*, niestety, na
język polski nieprzetłumaczoną. Opowiada ona o tym, co
dzieje się, kiedy szok transformacji w matkę, izolacja i wyobcowanie zamieniają się zrealizowaną fantazję o dziecio-
bójstwie. Z pomocą przychodzi wyszukiwarka Google:
„macierzyństwo mnie nie cieszy" (304 000 wyników), „mam

dość macierzyństwa" (225 000 wyników). To unaoczniło mi, jak wiele kobiet przechodzi tę transformację równie granicznie i bezlitośnie. Przeprowadziłam wiele rozmów, wymieniałam maile, SMS-y i wiadomości w portalach społecznościowych, nie widząc moich rozmówczyń, nie mając świadomości, kim są naprawdę. Ich historie uzupełniają i współtworzą niniejszą historię.

Nie napisałam w tej książce o wielu rzeczach. Nie wspomniałam zbyt wylewnie o mikrosystemie wsparcia, który tworzy rodzina pochodzenia: rodzice, teściowe, siostry, bracia, szwagierki, ciotki. Ich wsparcie bywa nieocenione, bywa też przekleństwem, wiadrem dobrych rad, pretekstem do porównywania, do rewizji zadawnionych krzywd i konfliktów. Świeżo upieczona matka, jako osoba decyzyjna i najważniejsza w życiu nowego członka rodziny, często poddawana jest krytyce, a wybierane przez nią, często wystudiowane metody obchodzenia się z dzieckiem, są traktowane jako fanaberie i idiotyzmy. Nie przeprowadziłam głębokiej analizy socjologicznej, antropologicznej ani psychologicznej zjawisk, do jakich zaliczana jest depresja poporodowa, kryzys macierzyński czy rodzicielstwo jako takie. Chciałabym, aby zawarta w niniejszej książce historia była jak najbliżej emocjonalnej prawdy i chociaż w niewielkiej części odkrywała, czym potrafi być macierzyństwo, jak złożony i niezbadany jest to proces.

Nie napisałam o tym, że wszystko dobrze się kończy. Nie kończy się też źle. Nie umiem słowami wyjaśnić, jak się kończy. Ta próba może skończyć się tylko frazesem: „Urodzisz, to sama zobaczysz". A może wcale nie.

Chciałabym również dodać, że ta skromna książka nie powstałaby bez pomocy i wsparcia wielu osób, które spotkałam przed jej napisaniem, w trakcie tworzenia i później. Chciałabym podziękować Małgosi, która jako jedna z pierwszych ją przeczytała. Sylwii Chutnik, Ani Dziewit, Oldze Wróbel, Agnieszce Murawskiej – za wsparcie i poczucie, że dobrze robię. Dziękuję Dominice Kiss-Orskiej, Kasi Kąkolewskiej, Kasi Wojnar, Izie Kaczmarek-Szurek, Klarze Wigier, Justynie Bargielskiej, Julii Ziętek, Patrycji Mandziak, a także całemu klanowi matek i nie-matek, które są wspaniałe i najlepsze, niezależnie od tego, czy tak się czują. Dziękuję też, przede wszystkim, mojemu mężowi Maćkowi, prawdziwej maszynie do afirmacji i wspierania wszystkich moich przedsięwzięć. Dziękuję też dzieciom: Sławie i Władkowi, za to, że po prostu tak wspaniale są. Dziękuję rodzicom i rodzinie.

Dziękuję wydawcy Pawłowi Szwedowi, redaktorkom Monice Mielke i Justynie Wodzisławskiej. Gdybym była zdana na samą siebie, zabrakłoby mi odwagi.

Spis treści